퇴직 후
잘사는 인생

단 순 하 게 산 다

조재도 지음

작은숲

어려서 동네 노인들을 보면 나는 엉뚱하게도 언제 늙어 저 나이가 될까?, 하는 의문에 사로잡히곤 했다. 또 젊어서 학교에 근무할 때에도 5-60대 나이든 선배 교사들을 보면 그들의 나이 들었음이 부러웠다. 그런데 어느새 내가 지금 그들의 나이가 되었다. 아니 그 나이를 훌쩍 뛰어넘었다.

나는 만 55세(2012. 8)에 조기 퇴직(명퇴)했다. 지금은 퇴직 후 '자연인'으로 산 지 12년이 되었다. 퇴직 후 열심히 퇴직자의 삶을 살고 있다. '열심히'라는 것은 아마도 외부의 어떤 시스템에 매이지 않고, 스스로 도모하고 실천하는 자율에 의해 인생의 마지막 단계인 자아실현의 삶을 산다는 의미이다. 그렇게 살면서 경험하고 느끼고 생각한 것들을 주변 사람들과 함께 나누고자 이 책을 썼다.

퇴직을 앞둔, 혹은 퇴직한 지
얼마 안 됐거나 좀 오래된 사람들이
자신의 일상을 평화롭고
가치 있는 삶을 추구하는 데 도움이 될 이야기.

퇴직 후
잘사는 인생 단순하게산다

2024년 3월 25일 제1판 제1쇄 발행

지은이　　조재도
펴낸이　　강봉구

펴낸곳　　도서출판 작은숲
등록번호　제406-2013-000081호
주소　　　경기도 파주시 와석순환로 307, 1107-101
전화　　　070-4067-8560
팩스　　　0505-499-8560
홈페이지　http://www.littleforestpublish.co.kr
이메일　　littlef2010@naver.com

ⓒ 조재도

ISBN 979-11-6035-153-8 03190
값은 뒤표지에 있습니다.

종교의 성인이나 인류의 철학자들 그리고 인생의 고매한 현자들이 말하는 삶의 기본은 거의 비슷하다. 다시 말해 그 기본을 지킬 때 자신이 갖고 있는 에너지가 덜 분산되고, 덜 스트레스에 시달리게 된다는 것이다. 그렇다면 그 기본이란 무엇인가? 나는 그것을 '단순함'으로 본다. 인간이 하는 모든 일에는 끝이 있고, 끝으로 가는 길에 놓인 여러 영역들, 예컨대 가족, 이웃, 친구, 직장, 사회, 국가에서의 단순함을 추구하고 실현하는 것이야말로 복잡다단한 현실 사회를 잘 헤쳐가는 기본 원리로 본다.

이 단순함의 추구가 퇴직자의 생활을 잘 살게 해 줄 거라는 게 이 책의 주된 내용이다. 특히 나이들수록 단순하게 살아라, 그래야 마음이 편하다, 그러나 그러기가 쉽지 않다, 그러니까 평소에 주의력을 잃지 말고 자신을 살펴야 한다가 이 책의 중심 내용이다.

그렇게 볼 때 이 책은 퇴직을 소재로 쓴 '인생론'이라 할 수 있다. 퇴직 관련 여타의 다른 책들이 실용서에 가까운 데 비해 이 책은 그렇지 않다. 퇴직자들이 직면하는 건강, 연금, 투자, 상속, 증여 같은 문제들은 인터넷이나 전문가들을 통해 얼마든지 해결 가능한 것들이다. 다만 이 책에서는 위와 같은 내용을 다루더라도 어디까지나 나의 경험과 그로 인해 얻은 교훈을 바탕으로 한 이야기가 전개된다.

복잡한 사회를 살아가는 힘은 의외로 단순함에서 나온다. 단순함은 곧 홀가분함이며 삶이 홀가분할 때 여백의 기쁨이 찾아든다. 퇴직은 두려움이자 기대이며 실제 매일매일을 살아내야 할 일상이다. 퇴직자에게 시간은 저주가 되기도 하고 은총이 되기도 한다. 적당히 할 일이 없어 소일함이 큰일인 사람에게 시간은 견딜 수 없는 지루함의 원천이다. 그러나 하루를 일매지게 틀어쥐고 자아실현을 위해 함 땀 한 땀 보내는 사람에게 시간은 더없는 은총이다. 이 책은 바로 그런 삶을 살고자 하는 사람들을 위한 것이다. 퇴직 전이나 후에 처한 사람들이 자신을 점검하고 앞으로의 인생 계획을 세우는 데 좋은 친구 같은 안내서가 되길 바란다.

2024. 3.

조재도

| 차례 |

1장 퇴직 3도

퇴직 3도

퇴직에 세 가지 도가 있다.

퇴직 3도란 퇴직을 하려고 하는 사람이든 이미 퇴직을 한 사람이든 일상을 살면서 지켜야 할 세 가지 도를 말한다.

첫째, 인간이 하는 모든 일에는 끝이 있다

이것은 퇴직뿐만 아니라 사람이 하는 모든 일에 해당한다. 이 사실을 마음에 새겨라. 많은 이들이 퇴직을 앞두고 마음의 동요를 겪는다. 퇴직은 평균 나이 5-60세 무렵이면 숙명처럼 다가온다. 그때가 되면 지나온 삶을 되돌아보고, 허무(허탈)해 하기도 하고, 앞으로 살 날을 가늠하며 불안해하기도 한다.

그러나 그 어떤 일도 인간이 하는 일에는 끝이 있다는 사실을 생각한다면, 퇴직이 봄이 가면 여름이 오는 것처럼 자연스러운 일로 여겨질 것이다. 그만큼 나이를 먹었으니 퇴직하는 것이다. 그러니

이 사실을 마음에 담아, 내일은 또 내일의 해가 뜨겠지, 하는 담담한 마음을 가질 일이다.

둘째, 잘하는 일을 더 잘하게 하라

이 말은 부족한 부분을 보완하려 하지 말고, 강한 부분을 더 강화하라는 말이다. 이 말은 내 말이 아니고, 미국의 경제학자인 피터 드러커가 한 말이다. '강한 부분'이란 앞으로 퇴직한 후 자신이 하는 일의 핵심 콘텐츠가 될 것을 말한다. 다시 말해 직장에서 나와서 무슨 일을 하며 살 것인가 하는 자기 삶의 내용을 말한다. 그러니까 자기가 잘하는 일이다. 농사를 지을지, 글을 쓸지, 외국에 나가 살지, 봉사 활동을 할지…. 무엇을 하든 자기가 좋아하고 잘하는 일을 하게 될 텐데, 그것이 바로 그 사람의 강한 부분이다. 이 부분을 더욱 강화시키라는 말이다.

내가 아는 어떤 이는 대학에서 불어를 전공했다. 졸업 후 학교에서 불어 선생을 하다가 조기 퇴직 후 불어로 된 어린이 청소년 책 번역가로 활동하고 있다. 자신의 잘하는 부분인 불어에 동화와 그림책 청소년 발달심리 같은 내용을 더 공부해, 자신의 현장 경험을 바탕으로 번역 작품을 출판하고 있다.

사람은 비교에 의해 불안하다 보니 자신의 부족한 부분을 자꾸 보완하려 한다. 그러나 그러지 말라. 젊어서는 그럴 필요가 있다. 그리고 그럴 시간도 있다. 그러나 퇴직 후의 삶은 그게 아니다. 자기 삶의 핵심 콘텐츠가 될 자신의 강한 부분을 더욱 강화하는 데 시간을 써야 한다.

셋째, 모든 일에 감사하고 감사하고 또 감사하라

〈감사〉

돌아보면 모든 일이 감사한 일
생각하면 모든 것이 감사한 것
지난밤 무사히
오늘도 아침에 눈을 떴음에
일어나 마실 수 있는 물이 있음에
하루에도 열 번 스무 번 감사
마음으로만 하지 말고
기도하듯 입 밖으로 말하며 감사
100을 잃고 10이 남았어도
그 10에 감사
세상을 잘 사는 길은
감사하고 감사하는 일
자꾸 감사하면 또 감사할 일이 생긴다

우선 퇴직한다는 것에 대해 감사해야 한다. 퇴직한다는 것은 다니던 직장이 있다는 말 아닌가? 그 직장이 어떠했든 그동안 거기서 월급을 받아 생활하지 않았나? 그 자체에 대해 감사해야 한다. 둘러보면 모든 것이 감사해야 할 것들이다. 청춘의 뒤안길을 무사히 돌아 퇴직의 지점까지 오게 된 자신에 대해, 가족에 대해, 나를 도와주고 함께 한 여러 사람에게 감사할 일이다.

100을 잃고 10이 남았어도, 또 그 10마저 잃고 1이 남았어도, 그 1의 1/2, 1/4, 1/8이 남았어도, 그 남은 것에 감사해야 한다. 왜냐면 그 남은 것이 당신의 밑바닥이기 때문이다. 무엇을 해도 그 남은 것을 가지고, 거기서부터 시작해야 하기 때문이다. 살아 있는 한 남은 것이 아예 없는 일은 없다. 살아 있다면 모든 것을 다 잃어도 네 몸뚱이 하나는 있지 않은가. 자꾸 감사하고 감사하면 또 감사할 일이 생긴다. 감사하면 마음에 기쁨이 샘솟고 기쁘면 행복하다.

핵심어 따라가기
- 제시된 핵심어를 읽고 묵상하기

□   퇴직 3도

□   인간이 하는 일에는 끝이 있다

□   잘하는 일을 더 잘하게 하라

□   감사하고 감사하고 또 감사하라

2장 퇴직 전 준비해야 할 것

직장이란

우리는 퇴직하기 전 직장이라는 곳에 다녔다. 많게는 수십 년 동안 한 직장에서 근무하기도 했고, 여러 직장을 옮겨 다니기도 했다. 어쩌면 직장은 그 사람의 경제 활동의 근원지요 신분이며 소일하는 장소였다.

직장이란 개념이 등장한 것은 산업 혁명 이후라 할 수 있다. 물론 그 이전에도 일하는 사람의 장소는 있었다. 그러나 그들은 산과 들 바다라는 '일터'에서 흩어져서 일했다. 여기서 직장의 개념이 드러난다. 직장은 이렇게 흩어져 일하던 사람들을 같은 공간과 같은 시간에 일하도록 했는데, 그것이 곧 공장이다. 공장은 직장의 출현을 가져왔으며, 자본주의라는 새로운 사회체제를 이끌었다.

직장생활을 하지 않는 사람을 상상할 수 없다. 현대인은 직장을 중심으로 자신의 삶을 영위한다. 직장은 현대인이 '생계 수단'을 해결하는 아주 중요한 곳이지만, 그러나 단순히 돈을 벌기 위한 장소만은 아니다. 직장은 곧 직업이고, 직업을 통해 사람은 자신을 규정하고 공동체와 연결된다. 직업을 실현할 수 있는 직장을 통해 자신의 라이프 스타일을 구축할 수 있다. 직장에서 현대인은 자신의 일(노동)에 대한 성취와 인생의 의미와 보람을 느낀다. 그래서 직장은 그 자신의 모든 것을 나타내는 정체성이자 신분이기도 한 것이다.

그런 직장을 떠나는 것이 퇴직이다. 그래서 퇴직은 퇴직하는 개인뿐만 아니라 그의 가족에게도 심각한 심리적 영향을 주게 된다. 당장은 꼬박꼬박 나오던 월급이 끊겨 소득이 줄어든다. 이른바 연금 생활자가 되어 모든 영역의 소비가 줄어든다. 매일 나가던 직장이 없으니 하루 24시간 소일거리를 찾아야 한다. 그뿐 아니다. 신분상의 변화, 인간관계와 대외 활동의 축소, 가족과의 관계 등 여러 면에서 문제가 심각하게 다가온다.

퇴직

　퇴직은 지금까지 다니던 직장을 떠나 '새로운 삶'을 사는 것이다. 앞서 퇴직의 도에서 말한 대로, 인간이 하는 모든 일에는 끝이 있는 법이다. 인생에는 유년기, 청소년기, 중장년기, 노년기 같은 단계가 있고, 각각의 단계마다 그에 맞는 두려움과 기대가 있다. 지나간 것과의 작별에는 아픔과 외로움이 따르고, 앞으로 맞이할 것들에 대해서는 변화에 대한 기대와 희망이 있다.

　퇴직은 노년의 첫 단계다. 직장생활하면서 가졌던 일의 성과, 인간관계, 체력, 권력, 영향력을 이제 내려놓고, 지혜와 너그러움과 여유와 자유를 가져야 한다. 새로운 삶에 맞는 새로움을 찾아야 한다.

　새로움은 앞에 있다. 새로운 삶을 시작하려면 이전의 삶과 결별해야 한다. 그러니 지금까지 강을 건너기 위해 타고 온 뗏목은 버려라. 뗏목을 버리고 새로운 땅에 첫발을 내디뎌야 한다. 만일 퇴직 후에도 과거 직장에서 했던 일이나 인간관계에 연연한다면 퇴직 후에도 앞으로 나아가지 못하고 정체되고 혼란스런 삶을 살 수밖에 없다.

그런데 뗏목을 버리지 못하는 사람이 있다. 왜 뗏목을 버리지 못하는가? 두려움 때문이다. 새로운 삶에 대한 두려움. 경제적인 두려움과 미래에 대한 불투명한 전망으로 인한 두려움. 퇴직 후의 고립, 가치(정체성) 상실, 경제력 상실, 하던 일의 상실, 그동안 직장에서 모아 놓은 것을 잃을까 하는 두려움. 앞날에 대한 막연한 불안감. 두려움에 사로잡히면 뗏목을 버리기 어렵다.

내 주변에도 이런 사람들이 많이 있다. 학교에서 퇴직한 후에도 계속 기간제 교사로 나간다든가, 학교에서 하던 일을 퇴직 후에도 같은 방식으로 하려는 사람들이 있다. 이 사람들은 자기가 타고 온 뗏목을 버리지 못한 사람들이다. 과거에 하던 일을 놓지 못하면 새로운 삶의 언덕에 가닿지 못한다. 그러면서 퇴직 후의 천금 같은 시간이 가고, 새로운 인간관계를 맺을 기회를 잃게 된다.

인간의 삶은 유한하다. 특히 퇴직 전후에 느끼는 시간은 일각一刻이 여삼추如三秋와 같다. 그래서 어영부영 시간을 흘려보낼 수 없으며, 인생의 마지막까지 적극적이고 의식적인 삶을 가꾸어야 한다.

퇴직은 자신을 둘러싼 시스템이 변화하는 것이다. 지금까지는 아침 9시에서 오후 6시까지의 기본 근무시간이라는 시스템이 나를 움직였다. 그러나 퇴직하는 순간 이 시스템은 나하고 아무 관련이 없다. 이제부터는 내가 나의 시스템을 만들어 돌려야 한다. 매일 일어나던 시간에 안 일어나도 된다. 옷은 옷장에 후줄근히 걸리고, 산에 갈까 집에서 넷플릭스로 영화를 볼까, 휴대폰을 만지작거리는 시간이 늘어난다. 어제까지 내가 아닌 사회 시스템이 나를 돌렸다면, 이제부터는 내가 나를 돌려야 한다. 시스템이 변해야 하고, 변한 시스템에 적응해야 한다.

퇴직 후 새로운 삶에 적응하기까지 보통 1년이 걸린다. 그렇게 적응하는 것을 '완착'이라고 한다. 미끄럼틀에 비유하자면 미끄럼틀 위에서 미끄럼대를 타고 완만히 땅에 내려오는 것이다. 그런데 완착하지 못하고 '추락'하는 경우도 있다. 추락은 곧장 위에서 밑으로 떨어지는 것이다. 투자한 돈을 잃는다거나 사기를 당하거나 건강에 심각한 문제가 생긴다거나 자식과 불화가 일어난다거나 하는 일들은 완착을 어렵게 한다.

조기(명예)퇴직이냐 정년퇴직이냐

　퇴직을 앞두고 당연히 드는 의문은 과연 조기(명예퇴직)할 것인가 아니면 정년퇴직까지 갈 것인가 하는 문제다. 정년퇴직이야 법적으로 정해진 나이가 되면 퇴직하는 것이니 그리 고민할 것은 아니다. 때가 되어 나오면 되니까. 문제는 조기 퇴직이다.

　누군가 나에게 명퇴하는 게 좋으냐, 정년까지 가는 게 좋으냐 물으면 나는 그 사람에게 당신 생각은 어떠냐고 되묻는다. 명퇴냐 정퇴냐는 순전히 그 사람 개인의 문제다. 나는 만 55세 되던 해에 명퇴했다. 그 전부터 나는 55세를 직장생활 상한선으로 정해 놓고 근무했는데, 가장 큰 이유는 55세에 퇴직하여 내가 하고 싶은 일(글쓰기)을 본격적으로 하고 싶어서였다.

　나는 다른 사람에게 조기 퇴직을 권하는 편이다. 조기 퇴직을 하는 사람은 대부분 건강이 좋지 않거나 근무 중에 어떤 문제가 있어 조기에 퇴직한다는, 그야말로 명예롭지 못한 퇴직을 하는 경우가 많다. 그러나 내가 명퇴를 권하는 것은 그런 경우가 아니라, 자기 삶의 확고한 목표의식, 직장을 떠나 제2의 삶을 어떻게, 무엇을 하며 살 것인가가 확실한 경우 명퇴를 하라는 것이다.

그러면서 명퇴할 때 고려해야 할 것으로 다음과 같은 것들을 든다.

① 목표의식 : 퇴직 후 무슨 일을 할 것인가? 그 일을 하기 위한 준비 상태는 어느 정도인가?
② 경제력 : 퇴직 후의 경제력, 현금의 흐름(생활비), 재산 정도.
③ 가족 상황 : 가족이 어떤 상태인가? 특히 부모와 자녀의 상태.
④ 건강 : 건강은 어느 정도인가? 건강이 뒷받침되어야 무슨 일이든 할 수 있다.
⑤ 가족의 동의 여부.
⑥ 자기 문화 : 여기서 문화란 단순히 취미 생활을 의미하는 것이 아니라, 하루 24시간을 주도적으로 직조해 나갈 수 있는 삶의 힘을 말한다.
⑦ 체질 : 사람을 좋아하여 사람 속에 있기를 좋아하는가, 혼자 있어도 외로움(심심함)을 잘 견디는가.

위 일곱 가지 것들은 어떤 식으로 퇴직을 할 것인가를 결정하는 데 참고해야 할 요소이다. 그리고 정퇴보다는 명퇴를 하려는 사람에게 더욱 중요하다. 시간이 다 돼 어쩔 수 없이 나오는 정퇴보다 명퇴는 스스로의 선택(결단)에 의해 이루어지기 때문이다. 퇴직을 결정하기 전에 여러 가지 면들을 깊이 생각하여 결정해야 한다.

나는 2012년 8월에 퇴직했다. 그 전에 가족과 퇴직에 대해 상의했고 큰 문제 없이 동의를 얻었다. 퇴직하기로 마음을 굳히자 모든 것이 새롭게 보였다. 평소 하던 업무도 내 일 같지가 않았고, 그동안 나름대로 마음으로 소통하던 학생들과도 서먹서먹해졌다. 그동안 근무한 학교가 내가 있을 곳이라기보다는 이제 곧 떠날 곳이라는 생각이 더 깊이 들었다. 그리고 이러한 분리의식은 4월에 퇴직 신청서를 내면서 더욱 심해졌다.

막상 신청서를 내자 마음이 장마철 갈래 없이 흐르는 물줄기처럼 복잡했다. 시간도 안 가고, 일도 손에 안 잡히고, 동료 교사와 학생들 간의 친밀감이 확 떨어졌다. 학교에서 일어나는 모든 일이 강 건너 불구경하는 것처럼 느껴졌다. 사람들 눈빛에도 '저 사람은 이제 곧 떠날 사람' '우리와 다른 사람'이라고 써 있는 듯했다. 누군가가 퇴직을 2학기에 하면 1학기에 하는 것보다 5백 정도는 더 벌 수 있는데, 왜 군이 1학기에 하느냐, 연금이 얼마나 나오냐 등등, 현실적인 문제에 대해 조언을 해 주기도 했지만, 그런 말들이 귀에 하나도 들어오지 않았다.

내가 55세 퇴직을 결심한 이유에는 퇴직 후 본격적으로 글을 써야겠다는 것 외에 한두 가지 다른 이유가 더 있었다. 나는 학교 재직 시 두 번 해직된 경험이 있어서 정년까지 근무한다 해도 기여금 납부 기간인 33년이 안 되어 퇴직 후 100% 연금을 받을 수 없었다. 그러니까 퇴직 시 실제 나의 근무 연수는 23년 11개월. 퇴직 후 받는 연금은 2백만 원이 채 안 되었다. 그리하여 더 있어 봤자 별로 이로울 게 없다는 판단 하에 과감하게 퇴직을 결정했던 것이다.

2백만 원. 그 2백만 원은 정말 나에게 피 같은 돈이었다. 우리나라 4인 가족 자영업자들이 한 달에 25일 동안 아침부터 밤늦게까지 일해서 버는 돈이 2백만 원 정도라고 한다. 그 2백만 원을 나는 연금으로 매달 꼬박꼬박 받는 것이다. 물론 재직 시 그만큼의 기여금을 냈기에 받는 것이지만, 생활 형편이 어려운 일반 자영업자들에 비하면 큰돈임이 분명하다.

생활의 지침

나는 오래전부터 평소 생활하면서 두 가지를 생활의 지침으로 삼아왔다. 하나는 '근勤, 검儉, 건健'이다. 부지런하고 검소하고 건강함이다. 앞의 두 글자 '근'과 '검'은 다산 정약용의 말이다. 다산이 강진으로 유배되었을 때, 유배 생활에서 아들에게 물려줄 것은 없고, 살아가는 데 꼭 필요한 두 가지 덕목으로 부지런함과 검소함, 두 글자를 물려주었다. 여기에 한 글자인 건강을 더하여 나의 생활 지침으로 삼은 것이다.

사지가 멀쩡하여 일할 수 있는 사람이라면 위 세 가지 덕목만 잘 지켜도 세상을 무난히 살아갈 수 있다고 본 것이다. 부자로, 혹은 출세하여 떵떵거리며 살지는 못해도 가정을 꾸리고 남부럽지 않게 사는 데 부지런함과 검소함 그리고 건강이 필요하다는 것이다.

다른 하나는 '작게, 적게, 자급자족'이다. 이 세 가지는 앞의 세 가지 '근, 검, 건'보다 훨씬 이후, 그러니까 최근 들어 생각한 것이다. 우리가 사는 시대를 4차 산업 혁명 시대라고 한다. 4차 산업 혁명이라는 말은 2016년 스위스 다보스에서 열린 세계경제포럼에서 처음 언급된 말이다. 3차 산업 혁명을 기반으로 산업 간의 경계를 허물며 융합하는 기술혁명으로 우리 삶의 근본을 뒤흔들고 있다.

잘 알려진 대로 앨빈 토플러는 『제3의 물결』에서 인류가 지금까지 세 번의 혁명을 겪었다고 말하고 있다. 첫 번째가 농업 혁명이다. 그다음 산업 혁명 그리고 세 번째가 정보화 혁명이다. 1800년대 중반 영국에서 처음 시작된 산업 혁명 이후 지금까지 약 3백 년이 지나는 동안, 인류는 그 안에서 다시 분화된 산업 혁명을 겪고 있다. 그러니까 4차 산업 혁명이란 석탄(증기)을 기반으로 하는 1차, 석유와 전기를 기반으로 하는 2차, 컴퓨터(정보통신)을 기반으로 하는 3차, 그리고 최근 들어 일고 있는 인공 지능을 기반으로 하는 4차 혁명이 그것이다.

4차 산업 혁명은 일상생활에서, 통신 서비스, 금융시장, 산업 현장, 의료 농업 군사 현장에서 무인화, 스마트화, 지능화를 촉진한다. 그것은 한마디로 인공 지능을 바탕으로 기계가 인간을 대신하는 것이다. 그로 인해 더 큰 사회적 불평등, 빈부 격차, 노동 시장의 붕괴를 야기하고 있고, 시스템 자동화로 기계가 사람을 대신하면서 저임금, 저기술을 가진 근로자와 고임금, 고기술을 가진 근로자 간의 격차를 커지게 한다.

그리하여 일자리 감소, 고령화, n포(연애, 결혼, 출산, 취업, 내 집 마련, 인간관계 포기 등) 확산, 비혼(미혼 남녀 54.7%가 비혼), 1인 가구 증가, 기후 악화, 신종 전염병, 고령화와 연금 고갈, 남북 정세 불안 등으로 미래에 대한 불안감이 확대된다. 이미 퇴직을 했거나 이제 하려는 퇴직자들이 앞으로 살아가야 할 사회가 이러하다는 것이다. 다시 말해 4차 산업 혁명이란, 행복하지 않은데 행복하다고 믿게 하는 사회가 아닐까?

생활 지표로 '작게, 적게, 자급자족'을 드는 것도 이러한 4차 산업 시대를 살아가는 데에 대한 하나의 대응으로 필요한 가치관이기 때문이다. 다시 말해 모든 것을 '더'의 플러스가 아닌 '덜'의 마이너스 관점으로 보아야 한다는 것이다. 무슨 일을 해도 일을 크게 벌리지 말고 작게, 많게가 아닌 적게, 그리고 신체적으로나 정신적으로 외부의 것에 의존하지 말고 자기 스스로 문제를 해결하는 자급자족의 생활 태도를 가져야 한다는 것이다.

퇴직 전 준비해야 할 것들

퇴직하기로 결정한 후 심란한 마음으로 학교 생활을 하던 차에 이래서는 안 되겠다는 생각이 들었다. 4월에 신청서를 내고 8월에 퇴직이니 그야말로 4개월 남짓 남은 셈이다. 이 4개월 동안 어떤 준비를 해야 하나 고민했다. 그리하여 생각한 것이, 그동안 내가 학교에서 학생들과 함께 실천했던 모든 자료들을 우선 챙기기로 했다. 왜냐면 퇴직 후 내가 할 가장 기본적인 일이 글 쓰는 일이고, 그러려면 자료가 필요했기 때문이다.

퇴직하는 사람이라면 한 직장에서 30년 이상 근무했다고 볼 수 있다. 이 말은 각자 자신이 한 일에 전문가라는 뜻이다. 이 전문적인 역량이 퇴직 후 자기가 하는 일에 접목이 된다면 가장 행복할 것이다. 그런데 이는 그동안 한 일이 '축적'되어 있을 때 그렇다는 것이다. 자료로 모아져 있지 않으면 필요할 때마다 꺼내 쓸 수 없어, 그동안 자신이 해 온 일은 그저 일상적으로 해 온 일에 불과할 것이다.

일상은 물 흐르듯 지나고 나면 남는 게 없다. 잘려 나간 손톱처럼 흔적도 없이 사라진다. 시간의 흐름 속에 축적되어 남아 있지 않다면 그 일에 대한 경험, 지식, 능력이 자기 자신만의 콘텐츠가 되지 못한다. 축적되지 않은 것은 내 것이 아니다.

만약 퇴직을 앞두고 그렇게 축적된 것이 없다면 지금부터라도 그 작업을 해야 한다. 이 일은 퇴직 후 무슨 일을 하든 관계없이 이루어져야 할 일이다. '적자생존'이라는 말이 있지 않은가? 적는 자가 살아남는다는 말이다. 무슨 일을 하든 쓰지 않으면, 그리하여 축적된 것이 없으면 살아남지 못한다. 일기를 쓰고 생각을 메모하라. 그렇게 쌓인 것들이 나중에 자기 자신이 된다. 퇴직 후 농사를 짓든, 창업을 하든, 전문 여행가가 되든, 글을 쓰든, 적는 자 살아남는다.

나의 경우 그동안 해 온 학생 글쓰기 자료는 거의 책(문집, 교지)이나 파일로 정리되어 있었다. 그것들을 모아 놓고 분석했다. 그러면서 더 필요한 것이 무엇인가 살펴보았다. 퇴직 후 학생 글을 모아 책을 낼 경우 필요한 것들, 예컨대 어떤 내용의 원고라든가 학생이 그린 삽화 같은 것을 준비했다.

또한 내가 앞으로 쓸 글에 대해서도 점검했다. 퇴직 후 갑작스런 상황 변화에서 오는 슬럼프에 빠질 것에 대비해, 꾸준히 글을 쓰고 책을 낼 준비가 필요했다. 최소한 책 5권 분량의 원고는 퇴직 전 미리 확보해야 한다는 생각으로 준비했다. 속된 말로 언제라도 쏠 수 있는 총알을 미리 확보한 것이다.

자료를 모으고 필요한 것들을 정리하면서 시간이 갔다. 같은 교무실에서 근무하는 교사들이 나처럼 명퇴하면서 당당한 사람을 보지 못했다고 했다. 이로 미루어볼 때 기존의 명예퇴직자들은 많은 경우 명예와는 상관없이 불명예스럽게 퇴직했음을 알 수 있다. 본인이 퇴직하길 원하지 않는데 어떤 불미스러운 일로 타의에 의해 반강제적으로 떠난 경우다. 그러니까 나는 명예퇴직이라는 말보다는 '조기 퇴직'이라는 말이 훨씬 타당하다고 생각한다.

여름 방학 개학 후 퇴직 하루 전까지 나는 수업을 하고 학생들에게 내준 숙제를 점검해 주었다. 느슨해지려는 의식과 행동을 바짝 잡아채어 긴장의 끈을 늦추지 않았다. 다른 이들은 방학 후 퇴직일까지 학교에 나오지 않는 경우도 많다고 하나 나는 그러고 싶지 않았다. 마침표가 찍히는 그 지점까지 최선을 다하고 싶었다.

드디어 2012년 8월 마지막 날. 교무실에서 교사들에게 퇴임 인사를 했다. 그때 한 말 가운데 다른 말은 전혀 기억에 없고, 오직 이 말만 기억에 남아 있다.

"지금까지는 학교 교실이라는 공간에서 학생들을 만나 왔는데,

이제부터는 세상이라는 더 큰 교실에서 사람을 만나고 싶다."

이렇게 하여 나는 그동안 30년 넘게 타고 온 뗏목을 버리고 더 큰 세상의 언덕을 향해 첫발을 내디뎠다.

핵심어 따라가기

- ☐ 직장
- ☐ 뗏목을 버리다
- ☐ 조퇴(명퇴)의 조건
- ☐ 근勤, 검儉, 건健
- ☐ 작게, 적게, 자급자족
- ☐ 4차 산업 혁명 사회
- ☐ '적자생존'이라는 말
- ☐ 자료 축적

3장 퇴직한 후

거리를 두어라

퇴직 후 첫날. 우선 아침에 일찍 일어나지 않아도 좋았다. 출근하기 위해 머리 감고 서둘러 아침밥을 먹지 않아도 되었다. 한마디로 그동안 수십 년 동안 나를 얽어 맨 출근 시스템에서 나는 자유로워진 것이다. 나는 이것을 퇴직의 위력이라고까지 표현한 적이 있다.

그러나 이런 홀가분한 기분도 잠시뿐. 곧이어 다음과 같은 고민이 해일처럼 밀려왔다.

'하루하루 넘치는 시간을 어떻게 보내야 하나. 가족, 특히 아내와 매일 같이 있을 텐데, 그건 또 어떻게 견디나. 글을 쓰기 위해 퇴직했는데, 슬럼프 없이 잘 될까? 쓰는 것도 쓰는 것이지만 책을 낼 출판사가 있어야 하고, 또 판매가 잘 되어야 할 텐데.'

이런 고민은 막연한 불안감이 되어 차츰 나를 엄습해 왔다. '움벨트Umbelt'라는 말이 있다. 움벨트는 각각의 동물이 움직이는 행동 반경을 말한다. 움벨트라는 개념을 처음 말한 이는 에스토니아 출신 생리학자인 야곱 폰 웩스쿨이다. 우리나라에는 『떡갈나무 바라보기』라는 책에서 이 개념이 소개되고 있다. 객관적 환경을 나타내는 '벨트'라는 개념으로는 다양한 동물의 활동 세계를 설명할 수 없다는 문제의식에서 이 말이 쓰이고 있다.

예를 들어 개미와 벌과 인간의 움벨트는 서로 다르다. 개미에게 활짝 핀 꽃은 별 의미가 없다. 어쩌면 먹이를 구하는 데 피해 가야 할 귀찮은 대상일지도 모른다. 그러나 벌은 다르다. 벌은 꽃에 있는 꿀을 먹고 살기 때문에 벌에게 꽃은 없어서는 안 된다. 인간은 개미나 벌과 또 다르다. 인간은 꽃을 감상하여 미적 만족을 얻기 때문에, 꽃이 개미에게처럼 귀찮지도, 또 벌처럼 꽃 속의 꿀을 먹고 살지도 않는다. 이렇듯 모든 생물은 자연계에서 서로 충돌하지 않고 사는데, 그것을 움벨트라고 하며, 개미는 개미대로 벌은 벌대로 인간은 인간대로의 움벨트가 있는 것이다.

여기서 우리는 '인간'이라는 세계에 좀 더 초점을 맞추어 생각해 볼 필요가 있다. 현미경을 대고 보듯 인간 세계를 들여다본다면, 인간이라는 군집을 이루고 있는 각 개인의 움벨트 역시 다 다르다는 것이다. 이 점은 부부나 가족에게도 나타난다.

우리 집의 예를 들어 보자. 우리 부부는 아파트에 산다. 자식은 외지에 나가 있으니 논외로 하고 우리 부부만 놓고 본다면 집에 있을 때의 행동반경이 나와 아내가 서로 다르다. 우리 집에서 나의 동선動線은 내 방과 화장실 그리고 식사할 때 주방에 나가는 정도이다. 아내는 아내대로 나와 겹치지 않는(충돌하지 않는) 동선이 있다. 30년 넘게 살아온 우리 부부의 경우 한 공간에서의 움벨트가 이렇게 다르다.

자, 그렇다면 행동만 그럴까? 의식도 그러하지 않을까? 이 말은 결국 모든 인간뿐만 아니라 생명체는 '따로 또 같이' 존재한다는 것이다. 따로 또 같이를 결정하는 것은 '거리'이다. 거리 두기가 그래서 필요하다. 사물과 사물 간에 적당한 거리 두기가 없으면 영원히 멀어지거나 아예 흡수되어 버린다.

거리 두기는 '동등함'을 전제로 한다. 부부 사이, 부모와 자식 사이, 친구 사이, 인간과 자연 사이, 죽은 사람과 산 사람 사이, 인간과 신 사이의 관계가 동등하지 않으면 적절한 거리를 확보할 수 없다. 친한 사이일수록 적절한 거리 두기가 필요하다.

거리를 두어라. 이 말을 다르게 표현하면 '홀로서기'가 될 것이다. 홀로서기를 하지 않으면 퇴직 생활이 힘들어진다. '독립'이 그야말로 필요한 때가 바로 퇴직 이후의 삶이다. 아내, 자식, 친구, 경제력, 정신, 영혼 등 모든 것들에 대해 적절한 거리를 두어야 한다.
생선을 구울 때 자꾸 뒤집으면 그 생선은 망가지지 않는가.

거리를 두어라

신분의 변화 – 각종 보험 문제

　퇴직자를 흔히 연금 생활자라고 한다. 혹은 백수, 자연인이라고
도 한다. 매달 꼬박꼬박 받던 월급이 없어지고 그보다 훨씬 줄어든
연금에 의존해 살아야 한다는 뜻이다. 백수나 자연인이라는 말도
그동안 여러 면에서 보장된 신분이 퇴직과 함께 변화됨을 뜻한다.
나갈 직장이 있었고, 할 일이 있었고, 만날 사람이 있었다. 그러나
퇴직하는 순간 그동안 자기 삶을 지탱해 주었던 것들이 사라졌다.
그야말로 '자연인'이 된 것이다.

　나의 경우 신분의 변화를 가장 실감 나게 느낀 것은 의료 보험이
었다. 퇴직할 당시에는 딸이 다니는 직장의 피부양자로 올려져 문
제가 없었다. 그러다 얼마 안 있어 지역 의보에 편입되었고, 지금은
지역 건강 보험 대상자가 되어 생각보다 훨씬 많은 보험료를 내고

있다.

여러 은행과의 업무 관계, 대출 관계 등 그동안 당연히 누려 왔던 일상의 문제들이 퇴직이라는 신분상의 변화로 제약이 따른다. 그럴 때 그야말로 아, 내가 이제 퇴직했구나 하는 실감이 강하게 밀려든다. 그러면서 자신의 사회적 지위를 새롭게 느끼고, 나는 그대로인데 나를 둘러싼 주변 환경이 달라지고 있음에 서글픈 생각마저든다.

퇴직하면 그동안 들었던 보험도 다 끊기게 된다. 국민연금, 건강 보험, 고용 보험, 산재(산업재해) 보험인 4대 보험이 끊긴다. 국민연금(교사의 경우 공무원 연금)은 소득이 있을 때 보험료를 납부했다가, 국민들이 소득 활동을 할 수 없을 때 기본 생활이 가능하도록 지급하는 연금이다. 군인, 공무원, 사립학교 교직원을 제외한 18세 이상 60세 이하의 국민이 그 대상이며, 지급 개시일은 2023년 63세, 2028년 64세, 2033년 65세로, 5년마다 일 년씩 늦춰진다. 건강 보험은 소득이 있든 없든 대한민국 국민이라면 모두 의무적으로 가입해야 하며, 병원에서 진찰이나 치료를 보다 저렴하게 받도록 하는 보험이다. 고용 보험은 근로자가 실직했을 경우 일정 기간 급여를 대신해 받을 수 있는 보험이며, 산재 보험은 근로자가 일을 하다가 재해를 당했을 때 보장받을 수 있는 보험이다.

보험 가운데 퇴직 후 개인이 의무적으로 가입해야 하는 보험으로 국민 건강 보험과 노인 장기 요양 보험이 있다. 여기에서는 이 두 가지 보험에 대해 좀 더 알아보도록 한다.

퇴직 후 가장 큰 고민거리로 떠오르는 것은 국민 건강 보험료이다. 수입은 줄었는데 보험료가 급증하기 때문이다. 국민 건강 보험은 나이와 상관없이 평생 가입해야 한다. 퇴직과 동시에 직장에서 지역 가입자가 되어 보험료가 오른다. 노인장기요양보험은 건강보험료에 장기요양보험료율을 적용해서 부과되기 때문에 특별히 설명할 것은 없다.

보험에 관한 여러 가지 복잡한 내용은 인터넷이나 관련 서적 전문가들을 찾아 알아보면 되겠고, 여기서는 인터넷 사이트에 안내되어 있는 '지역 가입자 보험료 경감제도'에 대해서 알아본다.

〈보험료를 경감해 주는 경우〉

① 농어촌 경감 : 경감률은 22%이며 군 및 도농 복합 형태 시의 읍이나 면 지역에 거주하는 사업 소득액 5백만 원 이하인 세대(사업 소득이 5백만 원을 넘으면 농어업인으로 등록된 가입자가 있으면 적용)와 녹지 지역, 준농어촌 지역에 거주하는 농어업인 세대. 위 지역에 거주하는 세대 중 농어업인으로 등록이 되면 최고 28%까지 경감.

농어촌 경감은 가입자의 주소에 따라 자동 적용되나, 농어업인의 경감은 농어업인임을 확인을 받아 관할 국민연금 공단에 신청서를 제출해야 함.

② 보건복지부에서 고시한 섬과 벽지에 거주할 경우 50% 경감.

③ 해외에서 계속 3개월 이상 체류 시 보험료가 아주 면제됨.

보험료는 소득, 재산(전월세금 포함)을 기준으로 부과된다. 소득은 과세 대상 종합소득으로 이자소득, 배당소득, 연금소득, 사업 소득, 근로 소득을 점수당 금액으로 환산하여 부과한다. 이자소득과 배당소득은 연간 1천만 원이 초과하는 경우에만 소득 전액이 부과 대상이고, 연금은 공적 연금에 대해서만 부과하고, 개인연금이나 퇴직연금은 부과하지 않는다. 참고로 2022년의 경우 부과점수는 1점당 205.3원이었다.

재산은 재산세 부과 대상인 토지, 건물, 주택, 선박, 항공기(자동차는 제외) 등을 말한다. 자동차는 그동안 10인 이하의 자가용 승용차로 사용 년수가 9년 미만이면서 4천만 원 이상인 경우에만 부과되었으나, 2024년부터 전면 폐지되었다.

퇴직 후 중요한 두 가지

　퇴직자들이 가장 중요하게 여기는 문제는 건강과 생활비 확보이
다. 그 외에 여러 문제는 사람에 따라 다를 수 있다. 그동안 내가 주
변에서 본 바로는 퇴직자의 생활에서 중요한 것으로 자식 문제를
들 수 있다. 건강, 생활비 확보, 자식 문제가 퇴직 생활에 가장 큰
문제였다.

• 생활비 확보

　2021년 국민연금연구원의 '제9차 중고령자의 경제생활 및 노후
준비 실태' 조사 보고서에 의하면 2021년 기준 50대 이상 중고령자
는 표준적인 생활을 하기에 흡족한 정도의 적정 생활비로 부부는
월 277만 원, 개인은 월 177만 3천 원이 필요하다고 한다.

　또 노후에 특별한 질병이 없는 상태에서 기본적인 생활을 하려면

월 최소 생활비로 부부 198만 7천 원, 개인은 124만 3천 원이 필요하다고 한다. 그런데 국민연금 평균 수급액은 2021년 월 61만 7603원으로 2020년 12월(월 58만 6112원)보다 3만 1491원이 늘어나면서 처음으로 60만 원을 넘었다. 그리고 월 100만 원 이상 노령연금 수급자는 64만 6264명이다.

일반 국민연금 가입자나 노령 연금 가입자의 경우 위 사실로 보면 원하는 최소 생활비에 턱없이 못 미침을 알 수 있다. 교사나 군인 등이라면 상황이 그래도 나은 편이지만 말이다.

대부분 직장인에게 퇴직하면서 가장 큰 문제가 되는 것은 먹고사는 문제일 것이다. 생계 걱정만 없다면 퇴직 후의 시간을 오롯이 자신을 위해 쓸 수 있어 퇴직 후의 삶이 보람찰 수도 있다.

그래서 요즘 직장생활하는 젊은이들이 꿈꾸는 것이 바로 '파이어족'이라고 한다. '파이어'란 Financial Independence Retire Early의 첫 글자를 딴 말로, 경제적 자립을 위해 빠른 시기에 주식, 코인, 부동산 등에 투자해 대박을 터뜨려 은퇴하는 말이다.

그러나 이게 가능한 일인가? 2022년 통계청 조사에 따르면 퇴직자 가운데 50대 퇴직자가 가장 많으며, 60-64세에 퇴직한 사람도 13.4%에 이른다. 그리고 퇴직 후 55-79세 사이 장래 근로희망 비율이 68.5%에 달하고, 이들 중 57.1%가 실제 생활비에 보탬이 되기 위해 일하는 것을 보면, 퇴직 후의 경제적 자유가 얼마나 중요한

지 알 수 있다.

전문가들이 말하는 퇴직 후의 생활 자금은 퇴직 전에 받던 월급의 6-70% 정도라고 한다. 다시 말해 이 정도의 현금이 퇴직 후에도 생활비로 확보되도록 퇴직 전 준비가 되어 있어야 하는 것이다. 그렇지만 자녀 교육과 먹고사는 문제에 매달려 있던 가정에서 퇴직 후의 노후 준비를 위해 생활 자금을 저축할 여유가 거의 없다.

교사인 경우 연금이 나오기 때문에 퇴직 후 생활비 확보에는 큰 어려움이 없는 것으로 보인다. 퇴직 전보다 수입이 줄기는 하지만 연금에 맞게 씀씀이의 규모를 줄여서 살면 된다. 그러나 교사들도 부모님이 돌아가셨다면 문제가 덜하지만, 살아 계시다면 대부분 연로하기 때문에 병 수발이나 간호를 해야 한다. 자식 문제도 마찬가지이다. 장성한 자식이 제 앞길을 알아서 잘 헤쳐 나가면 문제가 없지만 그런 자식은 열에 한둘이 채 안 된다. 이럴 경우 부모님 모시는 데 드는 비용과 자식 뒷바라지를 위해 써야 할 돈이 생각보다 많이 든다. 그러니까 교사라고 해서 퇴직 생활이 다른 직종의 퇴직자에 비해 좀 낫다는 것이지 여유가 있는 것은 아니다.

• **자식 문제**

부모님이 연로하셔서 요양원에 계시거나 병원에 계실 경우 가능한 돈이 좀 들더라도 간병인에게 병간호를 맡기는 것이 좋다. 필요한 돈은 가족끼리 협의해서 1/n로 하거나, 부모님의 재산을 팔아 그것으로 충당하면 된다. 이 과정에서 가족 간 불화가 생길 수도 있는데, 확실한 집사 한 사람이 돈 문제를 틀어쥐고 확실하고 공정하게 집행해 나가면 된다.

사람은 누구나 생로병사의 굴레를 벗어나지 못한다. 나이가 들면 병이 들고 병이 들면 자신의 의지대로 몸을 움직일 수 없다. 나이 든 부모님을 돌보는 일은 천륜을 저버리지 않는 한 어쩔 수 없는 일이다. 성심을 다해야 한다.

나의 어머니는 병원에 오신 지 하루도 채 안 되어 급서하셨다. 너무 급히 가시어 그 충격이 오래도록 컸다. 아버지의 경우에는 요양원에서 4년을 지내다 돌아가셨다. 사람의 말년이 얼마나 지루할 수 있는지 그때 겪었다. 그때는 노인 장기 요양 보험도 없던 때라 요양원마다 드는 돈이 천차만별이었다. 시설이 좋고 경비가 싸게 드는 곳을 찾아 충남, 경기, 서울 일대를 헤맸던 기억이 있다.

자식 문제는 좀 다르다. 성인이 된 자식과 앞으로 어떤 관계를 맺어갈지는 무엇보다 부모의 의지가 중요하다. 다시 말해 자녀가 성인(만 20세 이상)이라면 지금까지 해 오던 부모 자식 간의 관계가 바뀌어야 한다. 성인이 아닌 미성년자라면 당연히 부모가 모든 책임을 져야 한다. 그러나 성인이라면 부모는 자녀의 서포터(지원자)

로 존재해야지, 미성년자 때의 부모로 계속 존재해서는 안 된다. 서포터의 역할은 말 그대로 자녀의 일을 지원을 할 수도 있고 안 할 수도 있다.

그것이 부모 자식 간에 올바른 관계 맺음이다. 이 관계 정립이 안 되면 부모는 평생 자녀의 요구에 끌려다니게 되고, 스트레스를 받으며, 심하면 죄책감에 시달린다. 원래 성인은 만 20세 이상인데, 우리나라의 경우 대학을 졸업하는 만 24세까지는 부모가 자녀의 의식주를 지원할 수 있지만, 그 후에는 딱 끊어야 한다. 이 점을 분명히 하지 않으면 평생 자녀는 부모에게 손 벌리게 되고, 부모 자식 간의 관계는 심하면 원수지간이 될 수도 있다.

그러니 대학 졸업을 앞둔 자녀를 불러 앉혀 놓고 이렇게 말해라.
"아무개야. 네가 이제 대학을 졸업했으니 부모로서 우리가 해 줄 역할은 다했다고 생각한다. 이제부터 우리는 너에게 부모가 아닌 지원자로 남겠다. 지원자란 지금까지처럼 의식주의 모든 것을 책임져 주는 것이 아니라, 필요에 따라 지원하게 되면 하고, 안 하면 안 하는 것이다. 이제부터 네가 어떤 삶을 살든 무엇을 하든 우린 일체 관여하지 않겠다. 네 삶은 네가 살아라."

이렇게 해야 한다. 그리고 이렇게 말한 대로 실천해야 한다. 이것을 못 하는 부모는 평생 자식에 끌려다니게 된다. 또 이 문제에 대해 부부 간의 생각이 다르면 평생 자식 때문에 부부싸움을 하다 판난다. 그렇게 선언한 후 실제로 자녀에 대한 모든 관여를 하지 말하야 한다. 잘 살든 못 살든, 연애를 하든 안 하든, 결혼도 마찬가지다. 이 모든 것은 본인이 알아서 할 일이지 부모가 관여할 일이 아니다. 노년을 제대로 살고 싶으면 자식과의 관계를 확실히 하라. 뒤에 가 다시 얘기하겠지만, 퇴직자 가운데 자식과의 관계 정리를 잘못해 노년을 피곤하게 사는 사람이 우리 주위에 의외로 많다.

퇴직 후 잘산다는 것은 경제적인 문제가 해결되는 가운데, 몸이 건강하고 마음이 평안하고 한가함과 자유로운 가운데 자기가 하는 일을 즐겁게 하는 것이다. 그러니 자기 마음을 꺼림칙하게 하는 것은 그것이 무엇이든 정리해야 한다. 그 가운데 하나가 자식 문제이다. 생활비가 확보되고 자식 문제가 잘 정리되면 퇴직 후의 생활은 큰 문제 없이 잘 되어 갈 것이다.

핵심어 따라가기
- 제시된 핵심어를 읽고 묵상하기

- ☐ 움벨트
- ☐ 거리 두기
- ☐ 홀로서기
- ☐ 연금 생활자
- ☐ 보험료 경감
- ☐ 노후 생활비
- ☐ 성인(만 20세) 이 된 자녀의 경우 부모는 자녀의 지원자(서 포터)

4장 퇴직 후 잘 살기

'시간성'에 대해 잘 이해하라

• 리듬과 박자

일상이 모여 일상성을 이루는 것처럼, 시간이 축적되어 시간성을 이룬다. 시간은 있는 걸까 없는 걸까? 없는데 사람이 편의적으로 만든 걸까? 인간의 발명품인 시계가 없다면 시간이 있을까? 시간은 시계라는 공간을 통해 비로소 나타나지 않나? 시간에 대해 이런 생각을 잠시 해 보아도 좋겠다.

시간성은 시간이 가지고 있는 성질이다. 이 책 서두에서 '퇴직 3도'를 말한 적이 있다. 그 중 첫 번째, 인간이 하는 모든 일에는 끝이 있다. 이것이 시간이 갖는 성질이다. 인생을 산다는 것은 시간을 산다는 것이다. 시간성에는 여러 가지가 있다. 그러나 여기에서 말하고자 하는 첫 번째는 모든 인간이 하는 일에는 끝이 있다는 것, 낡은 것은 새로운 것에 자리를 내주어야 한다는 것이다.

자신에게 허락된 시간만큼만 우리는 살 수 있다. 이것이 시간성의 또 하나의 특성이며, 우리 삶의 진정한 모습이다. 우리는 자신이 얼마나 살지 아무도 모른다. 건장한 사람이 점심 식사하다 쓰러져 숨지거나, 산에 오르다 쓰러져 세상을 등지는 일을 나는 주위에서 여러 번 보았다. 또 찌그러진 밤송이가 오래간다는 말처럼 개신개신 자리보전하며 오래 사는 사람도 보았다. 우리에게 남은 시간은 얼마이며 삶의 목표와 끝은 어디인가? 이러한 물음은 삶을 진지하게 살도록 하며 시간을 헛되이 낭비하지 않도록 한다.

노인의 시간은 청춘의 시간과 다르다. 청춘에서 보면 아직 시간이 무진장 남아 있는 것 같다. 그런데 노인의 시간은 엎어 놓은 모래시계처럼 끝이 보인다. 그러면서 매일 죽음에 대해 생각한다. 나이에 걸맞게 시간도 빠르게 간다고도 하지 않던가. 40대에는 40km, 60대엔 60km, 80대엔 80km로.

퇴직 후의 생활에서 중요한 것은 삶의 리듬을 타는 것이다. 리듬은 긴장과 힘을 만들지만 동시에 휴식과 여유도 만들어낸다. 리듬은 하루의 생활에도 있고, 일주일 단위의 생활에도 있고 월별 단위 생활에도 있다. 리듬은 긴장과 이완이며 집중과 휴식이다. 오전에 집중하고 운동하고 점심 먹고 잠깐 낮잠 자고 그 후 또 다른 일을 하는 것. 그리고 이런 생활이 일상적으로 반복해 이루어지는 것. 하루 생활은 이런 리듬 속에서 이루어진다.

일주일에 수요일은 외출해 그동안 미뤄 둔 밖을 일을 한꺼번에 처리하는 날. 그날은 일주일 동안 밖에 나가 보아야 할 일을 모아 두었다가 한꺼번에 처리하는 날이다. 우편 업무나 은행 업무 외부인과의 약속이나 모임 등을 이런 식으로 처리한다. 그렇게 하다 보면 일주일 동안의 생활 리듬이 자기도 모르게 생긴다.

『지금 이 순간』의 저자 디트리히 그뢰네마이어는 리듬과 박자에 대해 이렇게 설명한다. 리듬은 박자와 다르다. 박자는 그야말로 기계적이다. 리듬은 자신의 내면의 흐름에서 이루어지지만 박자는 외부의 강압에 의한 것이다. 그 시간이 되면 그 일을 꼭 해야 하고, 안 하면 불안해서 어쩔 줄 모르는 것은 강박이고 박자이다. 리듬은 오늘 못한 일도 자기 생활의 흐름 속에서 창조적으로 운용할 수 있다. 퇴직 후의 생활이란 어쩌면 직장 생활할 때의 박자에서 퇴직 후 자기만의 하루, 일주일, 한 달을 스스로 운용하는 리듬을 찾는 생활이라 할 수 있다.

퇴직 후의 생활을 비유하자면 자기 음악 작품을 자기가 연주하는 것과 같다. 연주와 쉼, 가속과 감속, 고저와 장단, 소리의 크기와 작음, 집중하는 시간과 휴식, 이 모든 것을 스스로 결정한다. 그런 가운데 아름다움과 즐거움을 창출해 낸다. 이것이 리듬이다.

시간성에는 동시성도 들어 있다. 동시성이란 어떤 일이 한꺼번에 같이 일어난다는 것이다. 예를 들어 우리 몸과 관련하여 본다면, 같은 시간에도 하나가 나빠지면, 예를 들어 위가 안 좋아 고생한다면, 다른 한편 아팠던 어깨가 좋아지는 그런 현상이다. 이처럼 좋은 면이 있으면 나쁜 면도 있고, 나쁜 면이 있으면 또 좋은 면도 있게 마련이다. 이것을 잘 이해하는 것이 시간의 동시성을 이해하는 것이다. 그러니 어떤 일을 두고 좋다 나쁘다 섣불리 말할 수 없다. 일희일비하지 말라는 말이다.

매사에 나쁜 면보다는 좋은 면을 보도록 애써라. 이것도 말이 쉽지 그렇게 간단한 문제가 아니다. 평소에 주의력을 갖고 마음 훈련을 해야 한다. 퇴직 후 노년의 삶이란 상실의 연속이다. 사랑하고 아낀 것들을 하나하나 떠나보내는 게 노년이다. 건강, 인간관계, 이혼, 친한 친구나 배우자의 죽음, 돈, 재산 등, 젊어서 성취한 것들이 하나하나 손안의 물이 새듯 빠져나가는 게 노년이다.

그 삶의 진리에 대해 묵상하고 이해하라. 시간성(상실)을 이해하면 모든 일에 감사하게 된다. 몸에 병이 나도 감사할 수 있다. 감사는 이 세상에 오로지 내가 주인이 아니라는 마음의 여유를 가져다준다. 자신에게 닥친 환란을 보다 차분히 바라보도록 한다. 작은 일에 만족하라. 감사는 만족하는 데서 나온다.

노년의 시간은 축복인 동시에 재앙이다. 자기 시간이 많다는 점에서 축복이고, 그 많은 시간에 뭘 해야 할지 몰라서 재앙이다. 그러니 무슨 일을 할 것인가, 무엇을 하며 하루를 보낼 것인가가 중요하다. 이 점이 노후에 그 사람의 핵심 콘텐츠를 이룬다. 나이 들어 무엇을 할 것인가를 잘 생각해 결정한 후 퇴직 전부터 그 일을 하기 위한 역량을 강화하는 일이 중요하다. 이런 준비 없이 막상 직장에서 퇴직하고 나오면 별로 할 일이 없다. 사회봉사도 하던 사람이 한다. 봉사를 받아야 할 나이에 봉사를 하겠다면 받아 줄 곳이 거의 없다.

인생은 흰 말이 문틈을 스쳐 지나가는 것처럼 짧다. 백구과극白駒 過隙이라는 말이 있다. 장자의 말이다. 흰 망아지가 빨리 달리는 모습을 문틈으로 보는 것과 같다는 말이다. 인생이 그렇게 빨리 지나간다. 이 말에서 우리가 얻을 수 있는 교훈은 무엇인가? 90세를 살든 100세를 살든 50까지 살든 살아 있는 동안 시간을 아끼고 성심을 다해 살라는 것이다. 자본주의 사회에서 돈은 그 물건을 소유할 사람의 자격이나 인품 같은 것을 따지지 않고 그 물건을 소유하게 해 주지만, 딱 하나, 돈으로 소유하지 못하는 것이 있다. 시간. 시간이 바로 그것이다. 시간은 사람을 기다려 주지 않는다. 사람이 무엇을 하든 시간은 어김없이 간다. 문틈으로 보이는 달리는 말처럼.

따라서 퇴직자는 시간을 유익하게 보내는 법을 알아야 한다. 시간을 유익하게 보내는 조건 중에서 아주 중요한 것들이 있다. 첫째,

경제적 여유, 둘째, 부모님과 자식의 상태. 내 경험 상 이 두 가지가 시간을 유익하게 보내는 데 최대 걸림돌이다. 이 두 가지가 해결되지 않았다면, 거기에 매여 시간을 유익하게 보내기 힘들다. 그렇다고 방법이 아예 없는 것은 아니다.

• 루틴

여기서 중요한 것이 '루틴'이라는 것이다. 루틴은 일상생활에서 반복되는 행동을 말한다. 좋은 의미에서의 반복이다. 루틴은 운동선수들에게 중요한 것으로 알려져 있다. 많은 운동 선수들이 자기만의 루틴을 가지고 있다고 한다. 축구 선수 손흥민은 경기 시작 한 시간 전에 항상 똑같은 스트레칭을 한다고 한다. 이처럼 루틴은 습관화되어 있는 일정한 동작 또는 절차를 말한다.

퇴직자로 살아가는 데 중요한 것 가운데 하나는 자기 시간을 확보하는 것이다. 부모님 병간호나 자녀 문제 같은 주위 상황에 휩쓸리다 보면 어영부영 한 달이 가고 일 년이 간다. 나는 자기 시간을 확보하는 일을 '필사적'으로 해야 한다고 말하고 싶다. 나는 퇴직후 자기가 하고 싶은 일을 하는 시간은 하루에 최소 4시간은 확보되어야 한다고 생각한다. 다른 일이 있어 그 일에 신경을 쓰더라도 그때만은 자기만의 시간으로서 말이다. 그래서 루틴이 필요하다는 것이다. 루틴은 그 시간이 되면 그 자리에서 그 일을 하는 것을 말한다. 다시 말해 그 일이 몸에 배도록 습관을 들이는 것이다. 그 시간에 그 일을 안 하면 안절부절하지 못 할 정도가 되어야 비로소 일이 몸에 배었다고 할 수 있다.

습관이 몸에 배는 데는 시간이 걸린다. 사람은 교통사고로 얼굴을 다쳐 성형수술 한 새 얼굴을 자기 얼굴로 인식하는 데 보통 3주 정도 걸린다고 한다. 최소한 그렇다는 것이다.

사람이 그렇다면 닭은 어떨까? 이에 대한 실마리가 『장자』 '달생편'에 나온다. 이른바 목계木鷄 이야기이다. 기원전 8세기경 중국 주나라 선왕이 닭싸움을 좋아하여, 싸움닭 한 마리를 들고 기성자라는 투계 조련사를 찾아가 최고의 싸움닭으로 만들어 달라고 부탁한다.

"기성자가 왕을 위해 싸움닭을 길렀다. 10일이 지난 뒤 선왕이 기성자에게 물었다. 닭이 충분히 싸울 만한가? 기성자가 대답했다. 아닙니다. 아직 멀었습니다. 닭이 강하긴 하나 교만하여 아직 자기가 최고인 줄 알고 있습니다. 그 교만을 떨치지 않는 한 최고의 투계라 할 수 없습니다. 다시 열흘 뒤 선왕이 또 물었다. 기성자가 대답했다. 아직 멀었습니다. 교만함은 버렸으나 상대방의 소리와 그림자에도 너무 쉽게 반응합니다. 태산처럼 움직이지 않는 진중함이 있어야 최고라 할 수 있습니다. 또 10일 후 선왕이 다시 묻자, 기성자는 다음과 같이 대답했다. 아직 멀었습니다. 조급함은 버렸으나 상대방을 노려보는 눈초리가 너무 공격적입니다. 그 공격적인 눈초리를 버려야 합니다. 마지막 열흘이 지난 뒤 선왕이 묻자 기성자는 이제 목계木鷄가 되었다고 대답했다. 이제 된 것 같습니다. 상대방이 소리를 질러도 아무 반응을 보이지 않고 완전히 마음의 평정을 찾았습니다. 나무와 같은 목계가 되었습니다. 닭의 덕이 완전해졌기에 이제 다른 닭들은 그 모습만 보고도 도망갈 것입니다.”

이 글에는 투계의 등급이 나와 있다. 기운만 믿고 달려드는 투계는 최하급 수준이다. 상대방의 소리와 그림자에 쉽게 반응하는 것, 상대방을 째려보는 눈초리가 너무 공격적인 것 모두 진정한 싸움닭이 갖추어야 할 면모가 아니다.

그런데 내가 이 글에서 주목하고자 하는 것은 이런 투계의 등급이 아니라 진정한 싸움닭인 목계木鷄가 되기까지 걸리는 시간이다. 이 우화에 따르면 평범한 싸움닭이 투계의 최고 경지인 목계가 되기까지 걸리는 시간은 40일이다. 40일이면 한 달이 넘는 기간이다. 어떤 과학적 근거에 의해 장자가 그렇게 말한 것은 아니지만, 40일이라는 기간이 터무니없이 제시된 것도 아니라는 생각이다.

사람도 사소한 습관이나 버릇 하나를 고치는 데 최소 두 달은 걸린다고 한다. 흡연하던 사람이 금연할 때 일차적으로 주어지는 고비의 시간이 두 달이다. 한 가지 루틴을 몸에 들이는 데 이렇게 시간이 걸린다는 것이다.

시간성을 잘 이해하면 헛되이 시간을 낭비하지도 않고 쉽사리 어떤 일에 절망하지도 않는다. 모든 일은 지나가기 마련이다. 서두르거나 조급해하는 것은 한갓 인간의 욕심에 의해 그리된다는 것을 알게 된다. 늘 가던 페이스대로 자기 속도를 유지하는 것, 시간의 속성을 이해할 때 가능하다.

- ▣   리듬, 박자
- ▣   동시성, 일희일비
- ▣   노년의 시간은 축복인 동시에 재앙
- ▣   백구과극白駒過隙
- ▣   루틴
- ▣   목계木鷄

일상생활을 잘하라

무슨 일이든 그에 대한 '관점'이 중요하다. 일상생활을 잘 한다는 것도 그러하다. 잘 산다는 것은 무엇인가? 사람의 관점에 따라 다 다를 수 있다. 특히 '퇴직 후'라는 말이 앞에 놓이면 더욱 그럴 수 있다. 우선 생각나는 것은 경제적인 여유, 건강, 그리고 그동안 하고 싶었던 일을 하는 것, 그리고 그 일이 사회적인 의미를 갖는다면 더욱 좋을 것이다.

일상생활을 잘 한다는 것은 하루하루를 잘 사는 것이다. 그러기 위해서는 퇴직 후 소위 '돈 걱정'을 하지 말아야 한다. 그런데 여기서 아주 중요한 것이 있다. 얼마만큼의 돈이 있으면 돈 걱정을 하지 않느냐는 것이다. 이 문제는 뒤에서 다시 다룰 주제이므로 여기서는 간단히 언급한다.

• 8%의 부자

〈8%의 부자〉

빚이 없고
매달 일정한 수입이 있고
통장에 조금이라도 예금이 있으면
세계 8% 안에 드는 부자라 한다
그러고 보니 나
어느새 8% 안에 드는 부자다
믿어지지 않는다

이 시는 예전에 내가 어떤 책을 읽으면서 기억해 두었던 것을 불러내어 쓴 것이다. 그 글을 읽었을 때 '세계 8%'라는 말이 인상 깊게 다가왔다. 그리고 그 조건을 따져 보니 나도 이 8% 안에 들었다.

내가 세계 8% 안에 드는 부자였다니. 그런데 생각해 보면 그리 놀랄 일도 아니다. 나의 경우 주택 대출금으로 있던 빚은 퇴직할 때 퇴직금으로 다 갚았다. 다른 교사 퇴직자보다 연금 수령액이 적긴 하지만 그래도 어쨌든 매달 나오는 연금이 있고, 은행 통장에는 저축되어 있는 예금이 있으니 분명 이 조건에 맞는다.

그러니까 이 조건은 그만큼 세계의 사람 90% 이상이 빚이 있고 일정한 소득이 없으며 은행에 저축해 놓은 돈이 없이 살고 있음을 나타내 준다.

• 주거 환경을 바꿔라

퇴직하면 이제 하루의 대부분 시간을 집에서 보내게 된다. 퇴직하면서 살아갈 장소를 바꾸는 사람이 많다. 좀 더 작은 집으로 이사 가거나, 시골이나 날씨가 따뜻한 곳으로, 자녀가 살고 있는 가까운 곳으로 말이다. 어디에 살든 퇴직 후의 삶은 주로 집에서 이루어진다는 것을 생각하면, 집에서의 생활이 즐겁고 편안하도록 주거 환경을 바꿀 필요가 있다.

그러기 위해서는 집안 전체가 단순해야 한다. 이사를 가든 살던 집에서 계속 살든 단순해야 한다. 집안을 단순하게 한다는 것은 한마디로 쓸데없는 물건을 버리는 것이다. 물건이 쓸 데가 있는지 그렇지 않은지를 구분하는 기준은 1년 동안 쓰지 않은 물건은 불필요한 물건이라는 것이다. 헨리 데이빗 소로의 말처럼 단순해지지 않으면 집이 사람을 소유하게 되어 온갖 잡동사니에 치여 살 수밖에 없다.

• 작은 일에서 기쁨을 찾아라

하루 이틀 퇴직 생활이 이어지다 보면 자기도 모르게 생활은 무기력해지고 단조로워진다. 세상에는 두 가지의 단순함이 있다. 하나는 원이고 하나는 시계추이다. 원은 충만함의 상징이고, 같은 자리를 매일 왔다 갔다 하는 시계추는 지루한 반복을 나타낸다.

작은 것에 기쁨을 누리기 위해서는 그렇게 하기 위한 의식적인 노력이 필요하다. 아침에 깨어날 때 좋아하는 음악을 듣는다든지, 식탁이나 책상에 명화를 한 장 놓는다든지, 화병에 계절마다 피어나는 꽃을 꽂는다든지, 생각지도 않았던 곳에 작은 화분을 놓아 집안 분위기를 바꿔 본다든지. 일상에서 느끼는 작은 기쁨은 삶에 활력을 불어넣는다. 방안의 책상만 바꾸어 놓아도 방의 분위기가 확달라진다. 음식에 조금만 넣어도 은은한 향을 내는 향신료처럼 작은 기쁨은 삶 전체를 풍요롭게 한다. 세익스피어가 한 말이다. "나이나 관습의 곰팡이도 그녀(클레오파트라)를 시들게 하지 못하는구나."

• 안전해야 한다

모든 생명은 안전함을 추구한다. 바닷물도 잔잔해지기 위해 파도를 친다. 인간의 모든 사회활동도 결국 따지고 보면 안전함을 추구하는 것이다. 나이들수록 다칠 확률도 늘어나고, 온갖 질병에 취약하게 된다. 집에서 생각지도 않게 넘어질 수도 있고 침대에서 떨어질 수도 있다. 화분을 들다 허리를 다칠 수 있고, 목욕탕에서 미끄러져 넘어지기도 한다.

안전하면 생활이 즐거워진다. 스스로의 생활 규칙을 잘 지키면 안전할 수 있다. 기상 후 몸풀기 운동 시간, TV 보는 시간, 외출하는 시간, 식사 시간 등을 규칙적으로 지키면서 생활하면 그에 따른 성취욕도 느낄 수 있고 삶을 안전하게 꾸려갈 수 있다.

• 심심함과 친해져라

퇴직하면 시간은 많지만 마땅한 소일거리가 없어 심심한 경우가 많다. 퇴직 초기엔 '백수가 골병든다'는 말처럼 정신없이 시간을 보낸다. 그동안 만나지 못했던 사람들도 만나고, 여행도 가고, 미뤄둔 집안일도 처리한다. 그러나 그것도 한때다. 내가 볼 때 6개월을 넘기지 못한다. 6개월이 지나면서 서서히 집에 있는 시간이 늘고, 그놈의 심심함에 포박당한다. 다음 글은 '심심함'을 주제로 쓴 글이다.

〈심심함에 대하여〉

집 뒤 산에 올랐다가 아는 이를 만났다. 전에 같은 학교에서 근무했던 이다. 나는 그냥 지나칠 뻔했는데 그가 나를 용케 알아봤다. 반갑게 악수하고 바위너설에 엉덩이를 걸치고 앉았다. 그는 지난해 퇴직했다. 32년 동안 근무한 학교를 떠난 지 7개월째라고 했다.

"요즘 가장 힘든 게 뭐예요?"

"심심한 거지, 뭐."

애써 웃음 짓는 그의 얼굴에 주름이 자잘했다. 50대 후반, 세월이 지나가며 새겨 놓은 눈금이었다.

"다른 건 다 좋은데, 이놈의 심심한 건 정말 참기 어려워."

그는 나와 이야기하는 동안 심심하다는 말을 여덟 번이나 했다. 돈은 걱정하지 않는다고 했다. 연금에 아버지한테 물려받은 건물이 시내에 있어 세만 받아도 먹고 살 수 있다고 했다. 건강도 그런대로 괜찮고, 퇴직 후 아내와 같이 여행을 많이 다녔다고 했다. 거의 6개월 동안 국내든 해외든 가리지 않고 다녔는데, 이젠 그것도 지겹다고 했다. 그러면서 어디든 하루 한 시간이라도 와서 수업 좀 해 달라고 하면 좋겠다고 했다. 물론 무료로, 한 시간이라도 봉사하는 차원에서 하고 싶다고 했다.

심심함. 참으로 고약한 괴물임에 틀림없다. 우리가 심심함이란 괴물과 맞닥뜨리게 된 것은 아마도 근대사회 이후부터일 것이다. 심심함은 인간 소외의 결과이다. 자본주의 사회가 발달하면서 인간이 자신의 노동으로부터 소외되기 시작한 이후, 자연을 정복의 대상으로 보면서 자연으로부터 소외되기 시작한 이

후, 인간의 생활에 전에 없던 '일상'이라는 것이 자리하게 되고, 그 일상의 한 영역으로 심심함이 파고든 것이다.

심심함은 외로움의 다른 표현이다. 심심한 상태가 오래 지속되면 자신의 사회적 의미에 회의를 하게 되고, 그 회의가 깊어지면 우울 내지는 은둔형 외톨이가 될 수도 있다. 은퇴자들, 직업 없는 실직자들이 이런 상태에 빠진다고 하는데, 무서운 일이다.

사람만 심심하다고 난리인 게 아니다. 주변 사물들도 심심하다고 아우성이다. 초등학교 앞 가게에 있는 조그만 게임기도 심심하다며 아침부터 삐리리 삐리리 전자음을 쏟아 낸다. 주인이 출근한 아파트에선 애완견이 심심하다며 캉캉 짖어 댄다.

그런데 이상하다. 사람이나 주변 사물이나 이렇게 심심해서 아우성인데, 심심함을 주제로 한 안내 책자 하나 없다. 성공과 처세와 자기 계발에 관한 책은 넘쳐나는데, 심심함에 대한 개론서나 극복 매뉴얼을 담은 책은 없다. 그러고 보면 심심함은 사람이 전적으로 겪어 내야 할 괴물인지도 모른다. 삶이 지속되는 한 심심함은 사라지지 않는다. 심심함을 극복할 수 있는 방법이 하나 있긴 하다. 홀로 있는 시간을 견딜 수 있는 내공을 평소에 쌓는 것이다. 어떻게? 자기 문화를 가짐으로써. 자기 문화는 돈 주고 살 수 없다. 스스로 밭을 일구듯 평소에 가꾸어야 한다.

이 글을 쓰고 있는 지금, 어디서 날아들었는지 파리 한 마리가 팔뚝에 앉았다 얼굴에 앉았다 한다. 글을 쓰다 말고 물끄러미

녀석을 바라본다. 녀석도 아마 혼자 있기 심심해서 나한테 온 것이리라. 나한테 놀아 달라고, 팔에 앉아 앞발을 싹싹 비비고 깨알만 한 대가리를 위아래로 연신 조아린다. 하지만 파리야, 난 지금 바쁘단다. 딴 데 가서 놀아라.

심심한 기분이 들면 심심함을 잘 살펴보고 조사해라. 심심함을 잘 살펴보면 예전에 비해 줄어든 활동량에서 오는 경우가 많다. 그리고 그건 당연한 일이다. 직장에 나갈 때와 퇴직 후의 활동량은 당연히 차이가 날 수밖에 없다.

심심함은 곧 지루함으로 이어지고, 지루함이 계속되면 일상생활이 어렵게 된다. 이런 현상이 더 심화되면 우울감으로 발전할 수도 있다. 여기서 조심해야 할 것이 하나 있다. 지루함을 감각적 흥분으로 메꾸려 하지 마라. 심심함도 지루함도 외로움도 그리고 모든 감정과 정서적인 일도 내면의 결핍을 외부에서 끌어들여 메꾸려 하지 마라. 그건 그때뿐이다. 심심하다고, 외롭다고, 누구 만나 술 한잔할 사람 없나, 이러면서 휴대폰의 주소록을 뒤적이지 마라. 잠자코 인내심을 가지고 내면의 결핍 상태와 함께 머무르라. 얼마 후 결핍은 혼자 있어도 심심하지 않은 아름다움으로 채워질 것이다.

• 액티브하게 살아라

활기찬 삶을 살아라. 새로운 것을 배워 보고 새로운 취미 새로운 영역의 활동을 해 보라. 액티브한 삶을 사느냐 그렇지 못하느냐는 철저히 자기 자신에게 달려 있다. 아재 개그 같은 단순한 유머를 익혀 생활에 깨소금을 치듯 활용해 보는 것도 좋다. 나의 경우 글을 쓴 지 40년 만에 최근 들어 깨달은 바가 있다. 문학을 재밌게 하자는 것이다.

무슨 일이든 재미가 없으면 오래할 수 없다. 이 책을 쓰면서도 줄곧 염두에 두고 있는 것이 어떻게 하면 재밌게 글을 쓸 수 있느냐이다. 문단을 길고 짧게 배치하는 것도 읽는 재미를 위해서다. 우선은 내가 재미있어야 하고, 다음엔 이 책을 읽는 독자가 재미있어야 한다.

• 변화를 모색하라

궁즉통窮則通이요 통즉구通則久라는 말이 있다. 궁하면 통하고 통하면 오래간다는 말이다. 변화의 필요성을 말한 것이다. 그런데 여기서 한 가지 생각할 게 있다. 궁즉통 하기 전에 궁즉변窮則變이라는 말이 생략되어 있다는 것이다. 다시 말해 궁하면 자동으로 통하는 게 아니라, 통하기 전에 먼저 변해야 한다는 것이다. 그래야 통하고 그래야 오래간다는 것이다.

변화는 내가 변하는 것이다. 나를 둘러싼 외부 환경은 변하지 않는다. 퇴직 생활을 1-2년 하다 보면, 지루한 생활의 반복에 삶이 정체되는 느낌을 갖는다. 의욕을 앞세워 달라붙은 일도 시큰둥해지고 몸에도 살이 붙어 예전 같지 않게 된다. 자기 자신이 먼저 변해야 궁에 몰린 상황이 뚫리게 된다.

• 비교하지 마라

젊어서의 비교는 자존심에 산이 튀게 하여 불행의 원천이 되기도 하지만, 간혹 자기 발전의 동력이 되기도 한다. 그러나 노년에 하는 비교는 한마디로 독약이다. 자기 삶을 살기에도 바쁜 게 노년이다. 자기 삶의 완성을 지향해 가는 게 노년이다. 이런 중요한 시기에 옆의 것을 힐끔거려 자존감이 꺾이다니.

노년에 절대 비교하지 말아야 할 다섯 가지가 있다. 자식, 재산, 건강, 수명, 정력이다. 내 자식은 변변한 직장도 없이 취직도 못하고 결혼도 안 했는데, 아무개 자식은 의사에 공무원에 자기 앞길 자기가 알아서 척척 해 나간다. 아무개 자식 생각하면 그렇지 못한 내 자식 때문에 잠이 오지 않는다. 그래서 뭐 어쩌란 말이야! 아무리 남의 자식을 부러워해도 달라질 상황은 아무것도 없다. 잘 나가는 남의 자식 부러워하기 전에 자기 자식과의 관계 정리부터 확실히 하

라. 남의 자식 부러워해 봐야 속만 쓰릴뿐 아무 것도 얻을 게 없다.

다음 재산. 누구는 돈이 많아 쓰고 싶은 대로 펑펑 쓰며 산다. 누구는 자식이 돈을 잘 벌어 집에 올 때마다 용돈을 두둑히 준다. 누구는 부동산에 투자했는데 대박이 났다. 누구는 투자한 주식이 올라 돈 방석에 앉았다. 이런 일이 주위에 있다고 치자. 그래서 뭐 어쩌란 말인가. 그 사람은 그 사람의 일이다. 투자해서 번 돈? 그거 별 거 아니다. 투자해서 돈 버는 것으로 끝난다면 투자 안 할 사람이 없다. 투자해서 돈 벌었다면 그것은 단기적으로 볼 때 그렇다는 것이다. 장기적으로 보면 번 돈과 잃은 돈을 다 합해서 제로만 돼도 다행이다.

건강과 수명 역시 마찬가지이다. 타고나길 건강 체질로 태어난 사람이 있고 그렇지 못한 사람이 있다. 약골인 사람이 오래 살기도 하고 힘센 사람이 급사할 수도 있다. 건강을 위해 음식을 잘 가려 먹고 운동하는 것이 중요하다. 그러나 다른 사람과 비교하면 안 된다. 50에 죽으나 90에 죽으나 인간은 최선을 다해 자기 삶을 살다 간다. 90에 죽은 사람이 50에 죽은 사람보다 잘 살았다고 할 수도 없다.

마지막으로 정력. 가끔 TV에 80세가 넘은 보디빌더 할아버지가 나온다. 또 그 이상 된 할머니 무용단이 소개되기도 한다. 모두 그 뒤에 붙는 말은 '백세 시대'라는 말이다. 활기차게 사는 일은 좋은 일이다. 그러나 그런 분들은 극소수이다. 그런 분들을 삶의 롤 모델로 삼아 정력에 좋다는 보약을 먹으러 떼 지어 몰려다니지 마라. 볼썽사납다.

조선 시대 이덕무라는 실학자가 있다. 그의 말이다. "말똥구리는 스스로 말똥을 사랑하여 여룡의 여의주를 부러워하지 않고, 여룡 또한 자신의 여의주로 말똥구리의 말똥을 비웃지 않는다." 말똥구리에게는 용의 여의주보다 말똥이 좋고, 용은 여의주가 있다 해서 말똥구리를 비웃지 않는다는 것이다.

부러워하지도 비웃지도 않을 수 있는가? 여의주는 최고급이요 말똥은 최하다. 이덕무의 이 말은 여의주와 말똥을 대비시켜 두 사물 간의 차별의 편견을 깨고 공생의 가치를 드러낸다. 누구나 각자 사는 삶이 있고 그 삶의 가치도 다 다르다. 그러니 자기 삶에 최선을 다하면 그뿐, 남을 부러워할 일도 업신여길 일도 아니다.

이것이 퇴직 후 노년을 사는 잘 살기 위한 지혜이다. 비교하지 마라. 특히 자식, 재산, 건강, 수명, 정력. 여기에 한가지 더한다면 자신의 처지. 자신의 처지에 대해 불평하지 마라. 불평한대서 달라지지도 않고 상황이 나아지지도 않는다. 배우자와 사별했거나 이혼했거나 사는 곳이 불편하거나 모두 자신이 받아들여야 할 것들이다. '나다움'을 잃지 말고 하루하루 자신의 처지를 끌어안고 살아갈 뿐이다.

• 손자 손녀를 봐 주지 마라

손자 손녀를 봐 주지 마라. 요즘은 자녀들이 결혼을 하지 않아 손
자 손녀를 돌보지 않는 집도 많다. 그러나 주위에 손자 손녀를 돌보
느라 고생이 아주 심한 경우도 있다. 손자 손녀를 돌보는 일도 앞서
말한 자식과의 올바른 관계 정립 속에서 이루어져야 한다. 그러니
까 원칙은 성인이 된 자녀가 결혼을 해서 손자 손녀를 낳아 기르는
일은 어디까지나 그들(자녀)의 문제이다.

자녀가 손자 손녀를 봐 달라고 할 경우 내가 돌봐 줘야 할 의무는
없다. 동정에 이끌려, 몇 푼의 용돈을 받기 위해 섣불리 허락했다가
는 이후의 생활은 죽도 밥도 안된다. 나는 아기를 좋아하고, 남도
아닌 우리 애가 낳은 자식을 돌봐달라는데 어떻게 모르는 척할 수
있느냐는 사람도 있다. 그런 사람은 할 수 없다. 그런 사람에게까
지 뭐라고 할 수는 없다. 노년의 생활을 '육아독박'을 쓰고 살겠다
는데야 무슨 할 말이 있겠는가.

앞에서도 말했지만 자식 간의 모든 문제에서 부모는 자식에게
'지원자(서포터)'임을 명심해야 한다. 자녀가 육아를 부탁할 경우에
도 이렇게 해야 한다. 우리는 애기를 키워 줄 수 없다. 다른 아이보
개 사람을 찾아봐라. 그렇게 하는 데 드는 돈에서 우리가 매달 얼마
씩 지원을 해 줄 수는 있다(혹은 못 해 주겠다). 성인 자녀에게 부
모는 무슨 일을 해도 그만 안 해도 그만인 지원자이지 반드시 책임

을 져야 할 존재는 아니다.

내 주위에도 육아독박에 시달리는 사람이 있었다. 손자 손녀 돌보느라 어디 모임에도 나가지 못하고, 하루종일 애한테 시달려 노년의 시간을 그렇게 보내는 사람이 있었다. 부부간에도 육아 문제로 인한 싸움이 잦았다. 아이가 크면서 아이를 추스를 기운이 달려 애를 먹기도 했다.

• 성애의 문제

중년 혹은 노년의 성애 문제 역시 일상생활에서 그냥 지나칠 수 없다. 60대에 접어들면서 배우자와의 섹스를 3-40대처럼 이어 가는 사람은 거의 없다. 내 주위를 살펴봤을 때 그렇다는 말이다. 어쩌다 둘이 있을 때 성애의 시간을 갖게 되어 사랑의 강물에 풍덩 빠졌다 나오는 경우는 있어도, 그런데 그런 경우도 많지 않다.

배우자 몰래 바람을 피는 사람도 있다. 연애는 분명히 지루한 일상에 활력을 가져다준다. 사랑을 하면 주위의 모든 것이 새롭게 보이지 않던가? 거리도 늘 보던 사물도 심지어 잠자리에서 깬 아침 공기마저 새롭고 신선하게 느껴진다. 모든 것이 밤하늘 별처럼 반짝이고 마음은 하늘의 구름처럼 기분이 좋아 둥실 떠오른다. 연애의 매력이다. 게다가 배우자가 모르게 하는 연애는 금기의 선을 넘는다는 묘한 짜릿함도 있다. 그러나 시간이 지나면 그것도 시들해져 처음 느꼈던 신선한 감정은 옅어지고 육체의 쾌락만을 좇게 되는 관계로 남는다.

감각의 쾌락은 향 연기와 같다. 향을 피워 놓으면 푸르스름한 연기가 동글동글 작은 원을 그리며 허공에 흩어진다. 눈에도 보이고 냄새로도 맡을 수 있다. 그런데 시간이 지나고 나면 분명히 존재하던 연기가 사라지고 없다. 감각의 쾌락이란 이와 같다는 것이다. 비싼 음식, 좋은 옷, 성적인 쾌감이 가져다주는 감각의 있고 없음이 이와 같다는 것이다.

느낄 때는 분명히 있었는데 시간이 지나고 나면 없다. 이것이 쾌락의 허망함이다. 쾌락의 가장 큰 문제는 갈수록 점점 더 강한 자극을 원하게 되고, 그것을 충족하려면 자꾸 거짓말을 하게 되어 자신의 내부가 분열되어, 삶을 살아갈 당당한 힘을 잃게 된다는 것이다.

솟구치는 성욕 때문에 미치겠다는 사람도 있다. 이혼이나 사별로 인해 혼자 살게 되었을 때, 혹은 천성적으로 정력이 너무 세서 주체할 수 없이 괴롭다면 자기 나름의 방법을 찾아 자신을 다스려 보아라. 그래도 그게 안 된다면 그 욕구를 해결하기 위한 다른 방법을 찾아라.

성욕과 관련하여 한 가지 생각해 볼 문제가 있다. 자본주의 사회에서 섹스는 이미 엄청난 수요를 갖는 시장이 형성되어 있다. 이러한 상황에서 노년기 사람들은 성적으로 제구실을 하지 못하면 왠지 인생의 실패자가 된 느낌이 든다. 흔히 '야동'이라고 하는 성욕을 부추기는 영상물이나 성 기능을 강화하는 온갖 약품과 도구들이 이미 우리 주변에 넘쳐나고 있지 않은가. 이런 상황에서 신체적 결함이 있다면 몰라도 그렇지 않은 사람이 성적 욕망으로부터 자유롭기는 어렵다.

하지만 성적인 문제를 이렇게 보는 사람도 있다. "사람들의 섹스는 생리적인 성적 욕구 외에도 절대적으로 그들이 살고 있는 환경에 달려 있다." 지그문트 프로이드의 말이다. 다시 말해 '섹스 권하는 사회'에서 사는 사람들은 자기 몸과 섹스에 대한 환상을 가질 수 있으며, 그 환상이 실현되도록 온갖 상품과 사회 분위기가 부추긴다는 것이다.

명예욕, 식욕, 성욕은 인간의 3대 욕구이다. 성욕은 10대에 가장 왕성하다고 한다. 세포 분열이 제일 활발하게 일어나는 시기이다. 이후 젊은 시기에 성욕은 말 그대로 넘친다. 그러나 성욕도 나이 들면서 쇠퇴기를 맞는다. 욕구가 감소되고 성적 기능이 떨어진다. 그리고 그것은 자연스런 일이다.

• 가족과 화목하게 지내라

우리나라 가정의 경우 자녀가 성장하면 대략 자녀는 엄마 편이 되고 아빠는 엄마와 자녀 간의 결속 공간에서 소외된다. 우리 사회가 가부장적인 사회라 더욱 그러한데, 아빠는 엄숙하고 근엄해 자녀와 어려서부터 정서 교류가 드물기 때문이다. 그러다 보니 무슨일이 있을 때 자녀는 엄마 편이 되고, 이러한 집안 구도는 자연스럽게 아빠를 집 밖으로 나돌게 한다. 50이 넘으면 남자들은 산속이든 강가든 오두막 짓는 일에 몰두하기도 하고, 작업실을 마련하거나 자기만의 쉼터를 갖기도 한다. 그리고 이런 일을 배우자가 알게 하기도, 혹은 모르게 비밀리에 하기도 한다.

그러면서 주거 공간도 엄마와 자식은 원래 살던 집에 살고, 남자는 새로 만든 공간에 왔다 갔다 하면서 산다. 나이 들면서 자연스럽게 내외를 하는 것이다. 이제 남자는 씨를 퍼뜨려 자기 종족을 보존하는 일을 마친 것이다.

그러나 그럼에도 노년기에 가족 간의 유대는 중요하다. 가정은 서로에게 밖에서 입은 상처를 감싸 주고, 휴식을 취해 새로운 에너지를 공급해 주며, 외로움과 심심함을 달래 주는 따뜻한 정서적 공간이다. 노년의 일상을 잘 보내기 위해 가족 간의 유대와 화목이 필요하다.

• 화(분노)

일상생활을 잘하기 위해 많은 것을 이야기할 수 있다. 그런데 내가 보기에 절대 빼놓을 수 없는 한 가지가 더 있다. 바로 분노(화) 감정을 잘 다스리는 일이다. 퇴직 후 집에 있는 시간이 많다 보면 자연히 부부간에 다툼도 자주 일어난다. 부부는 단 두 사람이지만, 이 두 사람 사이에도 갑과 을이 존재한다. 혹은 퇴직 후 집에 같이 있으면서 주도권 쟁탈전이 일어난다.

그 외 부모 자식 간의 잘못된 관계 설정으로 인해 역시 다툼이 일어난다. 이렇게 배우자 – 자식 간에 일어나는 분쟁은 혈육이기에 분노 폭발이 더 클 수 있으며, 마음의 상처도 오래간다.

동물의 뇌를 연구한 뇌 과학자들에 의하면 대략 다음 세 가지 형태로 뇌가 진화되어 왔다고 한다. 파충류의 뇌, 포유류의 뇌, 영장류(인간)의 뇌가 그것이다. 그림으로 표현해 본다.

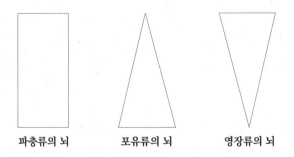

파충류의 뇌   포유류의 뇌   영장류의 뇌

이렇게 나누는 것은 뇌의 구조와 기능에 따른 것인데 오랜 시간의 흐름 속에 형성되어 온 결과이다.

먼저 파충류의 뇌는 '뇌간'이라는 부분으로 되어 있으며 후각, 시각, 평형과 조정 기능을 맡고 있다. 번식하고 먹이를 찾고 위험할 때 도망가는 기본적 생명 유지의 본능에 따라 자동 반사적으로 활동한다. 대뇌 피질이 형성되지 않아서 본능을 벗어난 사고나 융통성이 없다.

포유류의 뇌는 파충류의 뇌가 하지 못하는 '감정'을 느낀다. 대외변연계가 발달해서 감정, 식욕, 성욕 같은 지각 활동을 할 수 있다. 사람의 경우에는 유년기와 사춘기에 완성되며 동물이나 인간이나 정도의 차이가 있을 뿐 거의 활동이 같다.

영장류의 뇌는 전두엽의 발달로 언어를 사용하고 판단할 수 있으며, 어떤 일을 기획하고 조절하며 우선순위를 매기고 계획에 따른 결과를 예측하고 충동과 감정을 조절할 수 있다. 뇌의 앞부분에 있는 전두엽의 발달이 다른 동물과 인간의 차이를 분명히 해 주는데, 보통 남자는 30세 전후까지 여자는 25세 전후까지 완성된다. 용량이 크기 때문에 완성되는 시간도 그만큼 오래 걸린다.

그런데 재밌는 것은 사람이 화를 낼 때 뇌의 구조가 영장류의 뇌에서 포유류의 뇌로 바뀐다는 것이다. 진화해 온 뇌의 상태가 분노로 인해 퇴보하는 것이다. 우리가 흔히 하는 말로 화가 치밀어오른 사람을 짐승 같다고 하는데, 실제로 그 순간의 뇌는 오직 타오르는 분노만 남아 뇌의 구조가 인간에서 짐승의 뇌로 바뀌는 것이다. 그 순간 그 사람의 눈에는 실제로 보이는 게 없다. 결국 짐승이 되어 앞뒤 생각 없이 화를 내다 돌이킬 수 없는 지경에 이른다.

• 화를 잘 다스려라

화가 나면 화나는 그 순간을 잘 처리하는 것이 중요하다. 분노는 휘발유와 같아서 순간적으로 폭발해 주위의 모든 것을 태운다. 그러니까 화나는 그 1-20분의 시간이 중요하다. 살다 보면 화는 안 낼 수는 없으며, 따라서 화를 잘 내는 것이 중요하다. 분노 처리 방법을 소개한다.

먼저 가장 중요한 것은 화가 났을 때, 아 내가 지금 화가 났구나, 라는 사실을 알아차리는(인지하는) 일이다. 자신의 분노 감정의 흐름을 절대 놓치지 말아야 한다. 아무리 싸움이 격해져도 자신의 분노 감정이 어느 단계에 와 있는지를 놓쳐서는 안 된다. 그런데 이게 쉽지 않다. 평소 자기 감정을 살피는 훈련을 해야 한다. 그러려면 또 자기 자신을 객관화시켜 볼 수 있는 눈이 필요하다. 마치 자신의 행동을 연극무대에서 어떤 배우가 하는 연기라고 생각하고 볼 수 있는 눈(거리감)이 필요하다.

그다음 술을 조심하라. 많은 싸움이 술을 먹고 시작되는 경우가 많다. 처음엔 기분 좋게 한잔하다가 말끝이 갈라지고 언성이 높아지고 싸움으로 번진다. 술버릇이 나쁘거나 마음 수련이 덜 되었다면 더욱더 술을 멀리하라.

화를 낸 지 10분 후를 생각하라. 분노 감정이 휩쓸고 지나간 후 10분 후를 생각해라. 싸움이 일단락된 뒤 저 황량한 들판에 무엇이 남아 있겠나? 뒤처리해야 할 일만 남았다. 깨진 살림살이는 치워야 한다. 상처가 났다면 병원에 가거나 약을 발라야 한다. 이 모두가 난감한 일이다. 아무리 후회와 절망이 몰아쳐도 이미 늦은 일이다. 쓰나미처럼 몰아친 분노의 벌판에 그 누구도 승자는 없다. 서로 입은 마음의 상처, 법적으로 처리해야 할 일들, 회한의 눈물. 화가 나면 화를 내고 난 후의 뒷일을 생각하라.

마지막으로 할 수 있다면 무조건 그 자리를 피하라. 이것도 실은 잘되지 않는다. 말다툼에 언쟁이 높아지게 되면 분노 감정이 치밀어올라 그 자리를 떠나기 어렵다. 그러나 그럼에도 일단 피하고 보는 것이 상책이다. 싸움이 시작되면 투기鬪氣가 끓어오르고 서로 지지 않으려는 오기가 발동해 싸움이 더 크게 번진다. 그럴 땐 무조건 그 자리를 피하는 것이 상책이다.

퇴직 후 일상생활에서 잘산다는 것을 정리해 보자. 건강하고 평온하게 고요와 자유로운 상태에서 자기가 하고 싶은 일을 하는 것, 생활을 액티브하게 가져 나가고, 유머 감각을 갖는 것, 이런 일이 가능하기 위해서 필사적으로 자기 시간을 확보하는 것, 특히 자식과의 관계를 잘 정리해 자식이 우환거리가 되지 않도록 하는 것, 분노 감정을 잘 조절하는 일.

이 가운데 가장 중요한 것은 현금의 흐름(생활비)을 확보하는 일과, 자식과의 관계를 잘 맺는 일, 그리고 분노 감정의 조절이다.

핵심어 따라가기
- 제시된 핵심어를 읽고 묵상하기

- ☐ 8%의 부자
- ☐ 단순한 생활
- ☐ 원, 시계추
- ☐ 안전함, 심심함
- ☐ 엑티브한 삶
- ☐ 변화를 꾀하는 삶
- ☐ 부러워하지도 비웃지도 않는다
- ☐ 손자 손녀를 봐주지 않는다
- ☐ 쾌락
- ☐ 화(분노)

인간관계를 잘 맺어라

• 나와 내 것

사람은 일생 동안 '관계' 속에서 산다. 사람은 크게 다섯 가지 범주의 관계를 맺으며 살아간다. 첫째, 나와 나 자신과의 관계. 둘째, 나와 너와의 관계. 여기서 너란 가족 친척 이웃 친구 사회 국가 세계 등 내가 아닌 모든 것을 말한다. 셋째, 나와 자연과의 관계. 넷째, 나와 가상현실과의 관계. 다섯째, 나와 신과의 관계. 가상현실은 과학기술 혁명에 따른 인터넷의 출현으로 새롭게 추가된 세계이다.

이 가운데 사람이 가장 많이 관계를 맺는 것은 무엇일까? 첫 번째 관계, 나와 나 자신과의 관계이다. 나와 나 자신과의 관계는 주로 인간의 내면에서 이루어진다. 이에 대해서는 설명이 조금 더 필요하다.

나는 주로 '내것'에 의해 구성된다. 나의 것이라 할 수 있는 모든 것은 나이다. 이름, 나이, 가족 관계, 학력, 직위, 직책, 직업, 재산, 거주지, 자동차, 누구의 아버지, 누구의 남편 이 모든 것이 나이며, 그것은 곧 나의 것이다. 그런데 이 나의 것은 언제든 조건과 형편에 따라 변할 수 있다. 심지어 이름조차도 그렇다. 지금의 이름인 홍길동이 나인가? 홍길동이 아닌 다른 이름이면 내가 아닌가?

'나'는 내 것을 모두 지웠을 때 남는 것이 나이다. 위에서 든 나의 것에 해당하는 것들을 다 지웠을 때, 그래도 남는 무엇. 그것이 '나'이다. 그렇다면 나는 무엇일까? 생명으로서의 나이다. 죽지 않고 살아 있는 나. 살아 있는 생명체로서의 나가 '나'이다.

우리는 살아가면서 나와 '내 것'을 혼동한다. 마치 내 것이 나인 것처럼 혼동한다. 이에 대해 깊이 명상하고 묵상할 필요가 있다. 나는 살아 있는 생명 그 자체이다. 그 외의 것은 상황에 따라 얼마든지 변할 수 있는 나의 것이다.

• 새로운 인간관계

인간은 살아가면서 나와 나 자신과의 관계를 끊임없이 맺는다. 나와 '나'는 갈등을 빚기도 하고 평화롭고 화평한 상태를 이루기도 한다. 우리의 생명이 다할 때까지 나와 나 자신의 관계 맺음은 계속

된다. 나와 나 자신의 관계 맺음에서 오는 말을 들으려면 고요한 가운데 자기 자신의 내면에 귀를 기울여야 한다.

앞에서 나는 퇴직을 지금까지 강을 건너기 위해 타고 온 뗏목을 버리는 일에 비유한 적이 있다. 뗏목을 버린다는 것은 직장에서 함께 일했던 사람들과의 이별을 뜻한다. 오래된 잎이 지고 새잎이 나듯 인간관계도 그렇게 차츰 바뀐다. 새 삶에 맞는 새로운 인간관계가 형성된다. 여기서 한 가지 말해야 할 것이 있다. 이 관계의 다섯 가지 범주에 대해서는 이 책에서 다 말하기 어렵다. 따라서 여기서는 관계의 범주에 대해 언급하는 정도로 하고 다음 이야기를 이어가도록 하겠다.

• 부부 사이

퇴직 후 새롭게 형성되는 인간관계로 먼저 가족을 들 수 있다. 퇴직 후 활동의 장은 많은 경우 집이고, 집에 있다 보면 배우자와 함께 있는 시간이 그만큼 많아진다. 배우자는 싫으나 좋으나 헤어지지 않는 한 많은 시간을 함께한다. 이 말은 곧 그만큼 충돌할 일이 잦다는 것이다. 그래서 퇴직 후 부부간에 지켜야 할 일에 대해 몇 가지 말해 보고자 한다.

앞에서 나는 '움벨트'에 대해 말한 적이 있다. 야생동물은 각자의 행동반경이 서로 다르다는 것. 서로의 영역을 침범하지 않는다는 것. 그리하여 충돌이 일어나지 않는다는 것. 야생동물의 생활에서 우리가 교훈으로 얻어야 할 것은 '따로 또 같이'이다. 야생동물은 각자 제 구역에 살면서 생태계의 자연을 이룬다. 부부간의 사이도 마찬가지로 따로 또 같이하는 관계가 되어야 한다. 따로 또 같이는 모든 공동체뿐만 아니라 이 우주가 존재하는 기본 원리이다. 따로 없이 같이만 요구하는 공동체는 무너진다. 또 같이하지 않고 따로만 존재하면 그 공동체는 존속할 수 없다.

인생의 큰길에서 벗어나지 않는 한(예컨대 외도를 했다거나 도박을 해 가정이 파산했다거나 하는 일), 그리고 자기 돈을 가져다 쓰지 않는 한, 상대방이 무슨 일을 하든 너무 깊게 참견하지 말라는 것이다. 참견이 심하면 싸움이 일어난다.

〈그냥 두어라〉

물은 물대로
흐르게 두어라

작은 민들레
키 큰 해바라기로 조작하지 마라

참견이 심하면 싸움이 일어난다

사랑한다면
그냥 두어라

그냥 둘 수 없다면
사랑하지도 마라

• 남자도 집안일을 열심히 하라

퇴직하면 집안일로 부부싸움이 많이 일어난다. 퇴직한 남편에 대한 삼식이 시리즈가 있다. 집에서 한 끼도 안 먹는 남편 – 사랑스런 영식이. 집에서 한 끼만 먹는 남편 – 귀여운 일식이. 집에서 두 끼를 먹는 남편 – 그냥 두식이. 집에서 세 끼를 다 먹는 남편 – 삼시쉐끼(이게 삼식이).

웃자고 하는 소리지만 내용이 왠지 서글프다. 서글픔의 가장 큰 이유는 우리 사회의 고질적 병폐 가운데 하나인 가부장제가 이 개그에 들어 있기 때문이다. 오죽 여자가 그동안 솥뚜껑 운전사로 남자에게 밥을 해서 바쳤으면 이런 말이 나오겠는가. 왜 남편은 여자가 해 주는 밥만 먹나? 자기가 해서 여자에게 주면 안 되나? 가부장제와 남존여비 남아선호의 문제는 쉽게 지워질 우리 가정의 병폐

가 아니다. 평소에 집안일을 같이 하여 여자의 불만(원한)이 쌓이지 않았다면 이런 저질의 개그가 성립될 수 없을 것이다.

남자의 경우 집안일을 자기가 해야 한다. 밥도 알아서 해 먹고 반찬도 제 손으로 만들어 먹어라. 배우자가 해 주는 것만 거저 얻어먹으려고 해서는 안 된다. 일상의 모든 일을 스스로 하라. 청소도 하고 빨래도 하고 부인을 상전처럼 모셔라. 부인이 좋아하는 반찬을 만들고 부인이 좋아하는 꽃을 화병에 꽂아라. 아무리 작은 일이라도 부인과 상의해서 결정하고, 부인의 말을 따르라. 인간은 큰 산에 걸려 넘어지지 않는다. 작은 돌부리에 걸려 넘어진다. 할 줄 알면 하고 모르면 배워서 하라. 남편이 무슨 벼슬처럼 생각해선 안 된다. 자기가 해서 부인에게 주어라. 그렇게 부인을 떠받들어라. 집안일은 남자가 해줄 일이 아니라 당연히 해야 할 일이다.

• 부부 간에 너무 의존하지 마라

서로가 서로에게 너무 의존하지 말라. 꼭 운동도 같이, 산책도 같이, 어떤 모임도 같이, 여행도 같이하려는 사람이 있다. 이거 좋아 보이지만 별로 좋지 않다. 그렇게 해서 문제가 전혀 없다면 괜찮지만, 전혀 없을 수가 없다. 같이 운동하고 와서 남자는 소파에 앉아 쉬고 여자가 밥상을 차린다면 이건 심각한 문제가 있는 집이다.

• 부부 간의 성애

부부간의 성애는 각자 알아서 할 일이다. 하지만 한 가지 지켜야 할 것이 있다. 이 역시 남자 중심의 일방적이어서는 안 된다. 사람이 갖는 가장 큰 욕구로 식욕, 성욕, 명예욕을 든다. 이 가운데 가장 큰 욕구, 나이가 들어도 사라지지 않는 욕구를 순서대로 말하면, 명예욕, 식욕, 성욕이라고 한다. 물론 사람에 따라 다르겠지만 일반적으로 그렇다는 말이다.

상대가 싫어하는데, 또는 준비가 안 됐는데 본인의 욕구를 채우기 위해 덤벼들어서는 안 된다. 갱년기를 지난 여성과 남성의 성적 욕구와 몸 상태는 엄연히 다르다. 즐거워야 할 성애의 시간이 고통의 시간이 될 수도 있음을 생각하라.

• 명예욕이 강한 사람을 멀리하라

식욕과 성욕은 살아 있는 생명체로서 갖는 욕구이다. 식욕과 성욕은 나이가 들면서 어느 정도 줄어드는 모습을 보인다. 고약한 것은 명예욕이다. 명예욕에는 두 가지가 있다. 하나는 행위로부터 오는 명예욕, 다른 하나는 재능에서 오는 명예욕이다.

행위로부터 오는 명예욕은 보상심리와 관계가 깊다. 젊어서 민주화운동을 헌신적으로 했던 사람이 나이가 들면서 정치판으로 옮겨가 각종 선거에 출마하여 한 자리 차지하려는 욕망 같은 것이다.

재능에서 오는 명예욕은 자신의 여러 방면의 재능(미모, 끼 등)이 타인에게 인정받으려는 '인정 욕구'와 관계가 깊다.

그런데 이 명예욕이 무서운 것은 그 욕망이 당대에 끝나지 않고 후대에까지 미친다는 것이다. 원래 명예욕이란 자신의 자아(이름)가 팽창하여 타인에게 미치고자 하는 욕망이다. 따라서 식욕이나 성욕은 자신이 죽으면 끝나지만, 명예욕은 후대에까지 그 욕망이 미쳐 우주의 기운을 더럽힌다는 것이다. 그래서 명예욕과 그 집착이 무섭다는 것이다.

명예욕이 강한 사람을 멀리해야 한다. 이런 사람은 남이 자기를 알아주지 않으면 존재 의미가 없어서, 모든 사람을 자신의 명예욕을 채우는 데 이용한다. 그러다 보면 참다운 관계 맺음은 어렵게 되고, 날이 갈수록 관계는 소원해진다.

• 좋은 친구 – 사우師友

퇴직자에게 가장 고민이 되는 것은 건강, 생활비(돈), 인간관계일 것이다. 모든 고민은 인간관계에서 온다는 말이 있다. 사람은 사회적 동물이고, 이 말은 관계를 맺으며 살아간다는 뜻이다. 좋은 인간관계는 당연히 삶을 행복하고 더 건강하게 한다. 그러나 퇴직 후 좋은 인간관계를 맺기란 쉽지 않다. 직장 생활 할 때는 직장 동료가 관계의 대부분이었다. 그러나 막상 퇴직하면 직장 동료들과는 자연히 멀어지게 된다. 하는 일에 따라 새로운 관계를 맺게 된다.

좋은 친구가 중요하다. 친구가 많고 적고는 중요하지 않다. 오히려 이 사람 저 사람 많이 알고 지내는 것보다 마음이 맞고 뜻이 통하는 친구 한두 명이 더 소중할 수 있다. 문제는 얼마나 깊은 관계를 맺고 있느냐가 중요하다. 친구는 새로운 친구를 사귀기보다는 예부터 사귀어 온 친구가 좋다. 오랜 시간에 걸쳐 서로 마음을 터놓을 수 있기 때문이다. 요즘에는 대부분의 인간관계가 일을 중심으로 엮이게 마련이다. 그래서 그 활동의 장을 떠나면 자연히 인간관계도 끊어진다. 그런 인간관계는 진정한 관계라 할 수 없다.

나의 경우에도 한참 직장생활과 사회운동을 할 때는 전국에 걸쳐 많은 이들과 관계를 맺었다. 그러다 퇴직하여 활동했던 필드를 떠나자 안 보게 되고, 그러다 보니 그들과의 관계가 차츰 자연스레 멀어졌다.

'사우師友'라는 말이 있다. 중국 명나라 때 이지(호는 탁오)가 한 말이다. 이탁오는 공자의 사상에 반기를 들어 자유분방한 자신만의 사상을 수립했다. 사우는 스승 같은 친구가 아니면 친구가 아니고, 친구 같은 스승이 아니면 스승이 아니다, 라는 말에서 온 말이다. 친구는 만나서 서로 배울 점이 있어야 친구다. 또 스승은 친구처럼 다정히 아는 것을 가르쳐 주어야 진정한 스승이다.

만나서 술만 퍼마시고 수다나 떠는 사람이라면 친구로 다시 생각해야 한다. 술을 마시고 이야기를 나누어도 내가 배울 점이 있는 사람이라면 친구다. 나의 용기를 북돋워 주고, 깎아내리지 않으며, 성실하고, 자기 삶을 살며, 자기 길을 가는 사람이 좋은 친구다.

• 만나도 좋은 사람과 만나면 안 좋은 사람

퇴직 후에는 퇴직자의 생활에 따라 새로운 사람을 만나게 된다. 취미, 운동, 종교나 봉사 활동, 여가 활동 등 하는 일에 따라 새로운 사람을 만난다. 친목과 성장 새롭게 펼친 사업장에서 새 사람을 만난다. 그러나 만나는 사람마다 다 좋은 친구가 될 수는 없다. 친구는 오래 사귄 친구가 좋다. 중요한 것은 많고 적음의 양이 아니라 마음을 함께 할 수 있는 질적인 친구가 필요하다는 것이다.

서로를 존중하는 사람, 자기 생각을 강요하지 않는 사람, 싫어하는 일을 하지 않는 사람, 남의 말을 좀처럼 하지 않는 사람, 감사할 줄 아는 사람, 욕심이 적은 사람, 자기 힘으로 사는 사람, 모든 일을 열심히 하고 결과에 연연해 하지 않는 사람, 약속을 잘 지키고 책임감 있는 사람, 만나면 즐겁고 긍정적 기운을 얻는 사람, 짜증이 없는 사람, 평소 나대지 않고 평온한 사람, 명예욕에서 벗어나 있는 사람, 지나치게 건강하거나 오래 살려고 하지 않는 사람, 이런 사람이 좋은 사람이다.

이런 사람의 집엔 문지방이 닳도록 드나들어야 한다. 그러면서 그 사람의 면면을 마음에 새기고 배워야 한다. 이런 사람이 사우에서 스승 같은 친구다.

반면 만나지 말아야 할 사람이 있다. 만나서 정신없이 떠들었는데 돌아오니 허망한 감정만 남는 사람, 여러 일에 핑계를 많이 대는 사람, 투자(주식 부동산 등)에 열심인 사람, 같이 있으면 정신없이 산만한 사람, 허황된 사람, 종교에 깊이 빠져 있는 사람, 집안이 정리되지 않고 잡동사니가 널려 있는 사람, 만족할 줄 모르는 사람, 생각만 해도 불편한 사람, 부정적인 사람, 사람을 이용한다는 느낌을 주는 사람, 안정되지 못하고 늘 불안한 사람. 파당을 짓는 사람, 자꾸 따지려 드는 사람, 고집이 센 사람, 불평을 늘어놓는 사람, 판단하려 드는 사람, 자기 돈을 안 쓰는 사람, 용기와 힘을 주지 않고 은근히 비웃거나 깎아내리는 사람, 남의 말을 잘 전하는 사람, 이런 사람은 만나지 않는 게 좋다.

겉으로 말은 안 하지만 이런 사람은 자기 혐오가 강한 사람이다. 자기 혐오는 어려서 나는 나쁜 아이다, 라는 믿음을 강요당한 결과이다. 인간은 어린 시절의 경험으로 세계를 대하는 태도를 결정한다. 어린 시절에 자기감정이 많이 거절당하면 자신의 감정을 믿지 못하게 되고, 그 결과 나는 나쁜 아이다라는 의식을 만들어 자기감정을 닫아 버린다. 그러면서 부정적인 세계관을 갖게 되고, 그 좋지 않은 기운이 나중에 커서 타인에게까지 미치게 된다.

우린 좋은 사람을 만나기에도 시간이 부족하다. 따라서 조금이라도 싫다고 느끼는 사람과 만날 이유가 없다. 그런 사람과 만나 친구인 척해서는 안 된다. 그건 상대와 자기 자신에 대한 기만이다.

자기가 좋아하는 사람만 만나고 싫어하는 사람을 안 만나는 것이 이기적인 행동이 아닌가 할 수도 있다. 결론부터 말하면 전혀 이기적인 행동이 아니다. 이기심이란 나의 이익을 위해 상대방에게 손해를 끼치면서까지 어떤 행동을 하는 것이다. 따라서 이기심은 좋지 않은 것이다. 마땅히 고쳐야 한다. 그러나 좋은 사람을 만나고 싫어하는 사람을 안 만나는 것은 다른 누구에게 손해를 끼친 것이 아니기에 이기적인 행동과는 거리가 멀다.

퇴직 후 인간관계를 잘 하기 위해서는 이 점을 꼭 인식해야 한다. 나이가 든다는 것은 만날 친구가 줄어드는 일이다. 행동반경과 일이 줄어들면 그에 따른 사람도 자연히 줄고, 그 좁아진 영역으로 외로움이 밀물처럼 밀려든다. 그러나 그렇다고 불안해할 필요는 없다. 어차피 퇴직 후 노년의 삶이란 그런 것이며, 오히려 그 사실을

받아들이면 마음이 편안하다. 마음에 맞는 좋은 사람과의 만남이
중요한 때이다.

핵심어 따라가기
- 제시된 핵심어를 읽고 묵상하기

- ☐ 나, 내 것
- ☐ 부부
- ☐ 홀로 살아라
- ☐ 집안일
- ☐ 부부 사이 의존
- ☐ 명예욕
- ☐ 사우師友
- ☐ 만나도 좋은 사람
- ☐ 만나면 안 좋은 사람

건강 관리를 잘하라

오랜만에 만나 안부를 물을 때 가장 많이 묻는 말이 건강 안부이다. "건강하시죠?" "건강 어떠세요?" 예전에 전화 통화하면서 후배가 건강 안부를 물어 왔다. "어 좋아, 괜찮아." 이렇게 흔쾌히 말하기엔 건강이 좋지 않고, 그렇다고 이러쿵저러쿵 어디가 어떠니 말하기에도 그렇고. 하여 안 아프면 건강한 거라고 눙친 적이 있다.

• 건강의 개념

1948년 세계보건기구(WHO)가 정의한 건강의 개념은 다음과 같다. "단지 질병이 없거나 허약하지 않다는 것만을 말하는 것이 아니라, 신체적으로나 정신적으로 그리고 사회적으로 온전히 안녕을 누리는 상태."

그런데 나는 여기서 건강의 범주 가운데 '인간관계의 건강'을 하나 더 넣고 싶다. 다시 말해 우리가 건강하다는 것은 ① 신체적 건강 ② 정신적 건강 ③ 관계의 건강을 말하는 것이다. 인간이 사회적 존재라 함은 곧 관계적 존재라는 것이다. 가족간, 친구간, 직장에서의 올바른 인간관계는 정신건강뿐만 아니라 신체건강에도 심각한 영향을 미친다.

건강을 보는 시각은 의료제도나 그 시대에 따라 다르다. 자본주의 사회에서는 건강이 돈이고, 돈 많은 사람이 건강하다는 통념이 있다. 그리고 우리는 대부분 건강을 신체적인 측면에 국한하여 말하는 경향이 있다.

그런 의미에서 WHO의 건강 개념은 깊이 음미할 가치가 있다. 건강의 영역을 정신적이고 사회적인 면까지 확대한 것은 건강을 신체적인 기능뿐만 아니라 개인의 정신적인 측면, 영성의 문제, 그리고 자기 삶의 중심을 찾는 일에까지 포함하기 때문이다.

그런 면에서 우리는 건강과 관련해 다음과 같은 질문을 던져 볼 수 있다. 신체가 건강한 사람은 건강한 사람인가? 겉으로는 문제없이 사회생활을 하고 있지만 정신적으로 정서적으로 문제가 있는 사람은 건강한가? 질병이 있으면서도 마음의 여유와 평화를 주는 사람이 있는데, 건강하면서 그렇지 못한 사람은 무엇인가? 그리고 살아가면서 맺는 여러 관계의 건강은 어떠한가?

• 건강이 신이 되어 버린 시대

퇴직자의 최고의 관심사 1순위는 건강이다. 퇴직자뿐만 아니라 일반인도 건강이 가장 중요하다. 건강을 잃으면 모든 것을 잃는다는 말이 괜히 있는 게 아니다. 백세 시대, 호모 헌드레드 시대에 건강하게 오래 살지 못하면 일단 인생의 루저가 된 느낌이다. 어떻게 해서라도 건강하도록 주위에서 부추기며, 그 부추김에 등 떠밀며 어떻게든 백 세까지 살아야 할 것 같은 강박의 시대를 우리는 살고 있다.

이른바 건강이 신이 되어 버린 시대이다. TV 채널 어디를 돌려봐도 보험과 건강 보조식품에 관한 광고가 넘쳐난다. 영화 드라마 MC 유명 체육인 등 이른바 톱스타들이 약 광고와 건강식품 광고에 앞다투어 출연하고 있다. 2022년 기준으로 우리나라 건강 기능식품 시장 규모는 6조 원이 넘는다.

약 광고와 몸의 기능을 유지하기 위한 건강 기능식품 그리고 몸의 영양소를 보조하는 건강 보조식품 광고를 제외하면 거의 다른 광고를 찾아보기 어려울 정도로 지금 우리 사회는 건강이 곧 신이 되어 버렸다. 그러나 아무리 그렇다 해도 실제로 한국 남녀가 생활 전선에서 은퇴하는 나이는 72세, 2022년 한국인 평균 수명은 83.5

세(남자 80.5, 여자 86.5), 건강 수명은 남녀 평균 73.1세이다.

그러니까 우리나라 사람은 평균적으로 73세까지 건강하게 살다 그 후 남자는 약 10년 동안, 여자는 약 13년 동안 각종 질병에 시달리다 죽는다고 볼 수 있다.

• 건강관

따라서 건강에도 어떤 관점을 갖고 대하느냐 하는 건강관이 중요하다. 건강관에서 이야기하고 싶은 첫 번째는 건강을 다른 사람과 비교하지 말라는 것이다.

우리는 비교의 해악에 대해 잘 알고 있다. 그러면서도 무의식중에 비교하는 것이 바로 건강과 수명이다. 사람은 누구나 각자 최선을 삶을 살다 간다. 그러니 6-70 대에 죽었더라도 그 사람은 그때까지 최선을 다해 산 것이다. 이것을 8-90대까지 산 사람과 비교하여 아쉽다거나 너무 일찍 죽었다고 한탄할 일이 아니다.

사람은 나는 순서는 있어도 가는 순서는 없다. 인생의 마침표를 찍을 때까지 온 힘을 다해 산다. 건강과 수명에 대해 생각할 때 우리는 이 점을 직시해야 한다. 언제 죽을지는 아무도 모른다. 다만 60에 죽든 80에 죽든 100살에 죽든 자기에게 주어진 목숨의 길이대로 살다 가는 것이다.

건강관과 관련하여 이야기하고 싶은 두 번째는 '그나마'이다. 그나마는 그것이나마, 그거라도의 의미를 갖는 말이다. 무슨 말이냐 하면 담배 끊고 채식하고 매일 거르지 않고 운동한 사람이 70도 못 살고 60대에 죽었다. 혹은 50대에 죽었다. 그런 사람을 두고 우리는 곧잘 말한다. 아니 그렇게 자기 몸 관리를 철저히 하고 운동도 열심히 한 사람이 70도 못 되어 죽었다고.

이런 경우 말하고자 하는 바가 '그나마'이다. 그 사람은 그나마 그렇게라도 했으니까 60대까지 산 것이다. 그것이라도 하지 않았으면 더 일찍 죽었을지도 모른다. 그렇게라도 하면서 자기 최선을 다했기에 그나마 그때까지 산 것이다.

건강관에서 이야기하고 싶은 세 번째는 절대 건강에 대해 오만하지 말라는 것이다. 사람은 몸 전체가 나빠져 죽지 않는다. 다른 데는 다 좋아도 어느 한 부분이 나빠지면 죽는다. 내 주변에 일찍 죽은 사람 가운데 암으로 인한 사망이 가장 많았고 그다음 심장마비였다. 거의가 3-40대에 세상과 작별했다. 며칠 전 모임에서 같이 식사하고 헤어졌는데 갑자기 부고가 온다. 건강은 챙겨야 하지만 그렇다고 수명은 자기 마음대로 안 된다.

• 백세 시대의 실체

아무리 백세 시대라 하지만 그 안의 실상은 크게 변하지 않았다.

그리고 이 백세 시대라는 말도 의료 기술의 향상과 생활의 질적 개선으로 인간 수명이 부쩍 늘어난 것은 사실이지만, 건강을 담보로 장사하려는 상업자본이 의도적으로 띄운 바도 없지 않다. 건강 기능식품, 건강 보조식품, 그리고 셀 수도 없이 많은 노인을 대상으로 하는 각종 보험상품. 이것들이 한결같이 띄우는 말이 무엇인가? 백세 시대라는 말이다. 그 말 속에 들어 있는 의미는 한 마디 돈을 내라는 것이다. 돈만 있으면 백 세까지 살 수 있으니, 망설이지 말고 자사의 제품을 구입해서 백 세까지 살라는 말이다.

건강과 질병에 대해 불안해하는 노인을 대상으로 집요하게 파고드는 광고들. 지금 당장 TV를 켜 봐도 광고의 80% 이상이 노인과 그들의 불안을 겨냥하는 광고들이 나온다. 이것들이 하는 말이 다 뭐라고? 빨리 돈 내라는 것이다.

국제 질병 분류표에 등록된 인간의 질병은 무려 12,420개라고 한다. 나이 들어 건강하기 위해서는 운동과 좋은 식습관, 스트레스 관리, 건강 검진이 중요하다. 그러나 이렇게 해도 건강하지 못한 사람도 있고 일찍 죽음을 맞는 사람도 있다. 할 수 있는 데까지 하고 그래도 안 되는 것은 받아들일 일이다.

• 건강과 장수에 필요한 것들

『퇴직하기 전에 미리 알았더라면』이라는 책에 보면 건강과 장수를 위해 필요한 몇 가지를 다음과 같이 안내한다.

① 평생 공부하라
② 안전밸트를 매라
③ 비타민을 복용하라
④ 치아 잇몸을 관리하라
⑤ 금연하라
⑥ 성생활을 건전하게 즐겨라
⑦ 규칙적으로 운동하ㄱ라
⑧ 건강 검진을 정기적으로 하라
⑨ 혈압을 관리하라
⑩ 스트레스를 관리하라

이 가운데 중요도에 따라 네 가지만 다시 말하면 첫째 스트레스 관리, 그다음 혈압 관리, 그다음 건강 검진, 그리고 규칙적인 운동이다.

퇴직자들은 아래 사항에 더욱 유의해야 한다.
음식 : 달고 짠 음식은 피한다.

마음 : 스트레스 관리.

운동 : 자신에게 맞는 운동을 규칙적으로, 절대 무리하지 않을 것.

질병 : 건강 검진.

위험 : 운전 등 하는 일에서 위험 요소 예방.

퇴직자의 건강은 단순히 주의하는 마음이 아닌 양호한 재무상태와 생활 습관, 좋은 인간관계를 통해 지켜낼 수 있다.

• 내가 겪은 몇 가지

건강 관리에 대하여 실제로 내가 겪은 경험 몇 가지를 소개한다.

먼저 음식물 먹기. 내 경험으로 볼 때 음식이 그 사람 건강의 70% 이상을 차지한다. 그만큼 음식물 섭취는 공기의 질과 함께 중요하다. "음식이 너의 약이 되게 하라" 이 말은 의성 히포크라테스의 말이다. 음식을 맛으로 먹지 말고 몸의 약이 되게 먹으라는 것이다. 몸 건강에 음식이 얼마나 중요한지 말하고 있다.

공기 좋은 곳에 살아라. 음식은 하루 세 번 먹지만 호흡은 단 한 순간도 멈추지 않는다. 그만큼 공기가 우리 건강에 많은 영향을 미친다. 맑고 깨끗한 공기, 오염되지 않은 공기, 가능한 심신을 안정시켜 주는 조용한 곳에 살아라.

제대로 먹는 것이 가장 훌륭한 치료이니 충분히 신경 써서 건강을 지켜라. 잘 먹는다는 것은 무엇인가? 먹고 싶은 것 맛있는 것을 마음껏 먹는 것인가? 아니다. 자신에게 필요한 만큼만 적당히 먹는 것이 잘 먹는 것이다. 여기서 한 가지. 퇴직자에게 맛으로 먹는 시대는 이제 지났다. 젊은 청춘일 때는 간혹 맛있는 것이 있으면 폭식을 하기도 했다. 그러나 그것은 어디까지나 40대까지. 우리 몸이 폭음 폭식을 견딜 수 있는 나이가 40대까지이다. 노년에 폭음 폭식은 금물이다. 한번 폭식하거나 폭음하면 그 여파가 며칠을 간다.

육식을 멀리하라. 고기, 우유, 달걀 등을 멀리하고 채식 위주로 먹어라. 가능한 요리를 하지 말고 원료 그대로 먹어라. 원료 그대로 천천히 먹으면 그 고유의 맛이 입안 가득 고여 음식물의 풍미를 새롭게 느낀다. 요리하는 시간도 절약되고 여러모로 좋다.

현미를 먹어라. 나는 현미식을 한 지 20년이 넘었다. 처음 40대 초에 건강 검진에서 당뇨가 있다 하여 그때부터 지금까지 현미식을 하고 있다. 현미도 완전 현미가 있고 5분도, 7분도가 있는데, 가능하면 완전 현미를 먹어라.

단맛을 멀리하라. 단맛은 백해무익하다. 단지 혀에 감치는 맛이기에 사람들이 좋아한다. 음식이 달지 않으면 못 먹는 사람도 있다. 또 외부 식당에서 파는 음식이나 빵 등은 달지 않은 것이 없다. 그러나 단맛을 멀리해야 한다. 빵이나 술 과일 같은 식품을 살 때도 영양 정보를 세밀히 살펴 당도가 낮을 것을 골라야 한다.

짜게 먹지 마라. 짠 음식은 단 음식만큼이나 멀리해야 한다. 그런데 이게 쉽지 않다. 하여 나는 아예 무염식을 한 적이 있다. 약 2개월 정도 소금이 들어간 음식은 일체 먹지 않았다. 그러다 보니 먹을 반찬이 없어 토마토를 반찬으로 먹고 지낸 적도 있다.

구운 김도 털어서 먹어라. 구운 김에는 소금이 묻어 있기 때문이다. 간이 필요하면 된장이나 소금을 옆에 놓고 최소량만 젓가락으로 찍어서 먹어라. 그만큼 짜게 먹지 않도록 조심하라.

이렇게 이야기하면 꼭 이런 사람이 있다. 인생이 뭐 별거냐? 먹는 게 인생인데 소금도 안 치고 고기도 안 먹고 단맛, 짠맛 다 멀리하면 무슨 재미로 인생을 사냐? 그런 사람과는 더 이상 말을 나누지 않는 게 좋다. 본인이 그렇다는데 무슨 말을 더하겠는가?

생활이 단순하듯 먹는 음식도 단순해야 한다. 『월든』의 저자 핸리 데이빗 소로는 말한다. "사람은 동물처럼 음식을 간단하게 먹고서도 얼마든지 건강과 힘을 지킬 수 있다." 동물 가운데 음식에 간을 해서 먹는 동물은 사람밖에 없다.

동남아시아나 아프리카 정글 속 원주민들의 식생활을 보라. 한두 가지 식재료를 불에 익혀 먹는 정도인데 근육이 팽팽하고 힘이 넘친다. 수천 년 인간이 먹어온 것들과 현대 사회에서 우리들이 먹고사는 먹거리에 대해 묵상하라. 우린 너무 많이 먹고 너무 많이 버린다.

• 병에 걸릴 것을 너무 두려워 마라

사람은 병으로 인해 죽는 것이 아니고 병의 공포로 죽는다. 마하트마 간디의 말이다. 깊이 숙고해야 할 말이다.

병에 걸릴 것을 너무 두려워 마라. 나이 들면 몸의 기능이 떨어지는 것은 당연하다. 치아는 마모되고 잇몸은 주저앉고 관절은 녹슬어 삐걱댄다. 혈관은 탄력을 잃고 귀는 난청에 눈에 이상이 온다. 나이 든다는 것은 여러 크고 작은 질병과 같이 사는 것이다. 돈으로 약으로 고칠 수 있으면 좋겠지만, 노인성 질환에는 돈으로 약으로 쉽게 고칠 수 있는 질병이 거의 없다. 한 쪽이 나으면 다른 쪽이 고장 나고, 괜찮아졌다가 또 약발이 떨어지면 다시 고통스럽다. 이런 상황에서 우리가 견지해야 할 자세가 있다. 먼저 약을 멀리하라. 약에 지나치게 의존하지 말라는 것이다. 이쯤에서 잠시 현대 사회 의료 시스템에 관해 살펴보자.

• 현대 사회 의료 시스템

앞서 말한 대로 TV 광고는 밤낮없이 건강 보조식품, 건강 기능식품, 건강 보조 제품, 약 광고에 열을 올리고 있다. 또 병원과 제약회사 약국이 트라이앵글이 되어 환자를 대상으로 먹고 산다. 거기에 외국계 다국적 기업의 제약회사 등이 또 우리를 먹잇감으로 기다리고 있다. 건강을 담보로 하여 이중 삼중의 의료 시스템이 환자를 기다리고 있다.

각각의 의료 시스템은 환자의 병 하나를 고치기 위해 진력한다. 정밀 진단하고 그에 맞는 약을 집중 투약하고 경과를 지켜보고 나을 때까지 그 부분의 치료에 전념한다. 그러다 보니 약물의 집중 투여로 그 질환은 나을지 몰라도 몸의 다른 부위나 전체적인 상태는 안 좋아질 수 있다.

나의 경우 예를 들어 보자. 어느 날 오른쪽 엄지발톱이 이상해서 병원에 갔다. 의사는 딱 보더니 발톱 무좀이라고 진단했다. 그러면서 하는 말, 발톱 무좀약은 독해서 먹기 전에 간 검사를 먼저 해야 한다고 했다. 간 상태가 약 기운을 견딜 만하면 약을 먹고 그렇지 못하면 약을 먹을 수 없다고 했다. 검사 결과 약을 먹어도 좋다고 했다. 처방전을 들고 약국에 갔다. 보험이 안 된다며 한 달 치 약을 처방해 주었다. 약이 독해 일주일 먹고 일주일 쉬었다 다시 일주일 먹어야 한다고 했다. 한 달 치라는데 약의 양이 한 보따리였다.

집에 와 약을 놓고 걱정 근심에 빠졌다. 이 약을 다 먹어야 하나?

이 약을 다 먹다 보면 발톱 무좀은 나을지 몰라도 간이 견뎌 내지 못할 것 같았다. 그렇다고 다른 방법이 있는 것도 아니었다. 의사는 치료하지 않고 그대로 두면 나중에 발톱이 각질화되어 쪼개지고 떨어져 피가 나게 되고, 발톱 제거 수술을 해야 한다고 했다.

할 수 없이 인테넷 검색을 해 보았다. 발톱 무좀에 대한 내용이 수도 없이 올라와 있었다. 대략 훑어본 결과 약을 먹어야 한다는 쪽과 먹지 말아야 한다는 쪽으로 의견이 갈렸다. 먹지 말라는 쪽을 더 찾아보니 여러 가지 방법이 제시되었다. 쌀뜨물을 발효시켜 발톱에 발라라. 그렇지만 나에겐 쌀뜨물을 발효시키는 것도 쉽지 않은 일이었다. 검색에 검색을 이어가던 중 눈의 띄는 색다른 처방을 발견했다.

그리하여 나는 지금까지 그 처방대로 하고 있다. 물론 발톱 무좀이 나은 것은 아니다. 그런데 더 악화되지는 않고 있다. 만일 그때 그 약을 먹었더라면? 항생제 위주로 된 그 독한 약을 내 몸이 견뎠을까?

몸 전체 상황이나 치료 후의 몸 상태 등을 고려하면서 병을 치료하는 의사는 거의 없다. 발톱 무좀을 치료하는 의사는 그 치료에만 전념한다. 그러다 보면 발톱 무좀은 나을지 몰라도 몸의 다른 부분에 문제가 생길 수도 있다. 병원 치료라는 게 대부분 이런 식이다. 몸에 병이 나면 어느 환자도 병원과 제약회사, 약국의 현대 의료 시스템에 휘둘릴 수밖에 없다.

• 나의 건강 롤 모델

개인의 의지로 거대한 현대 의료 시스템에 맞서 휘둘리지 않는다는 것은 거의 불가능한 일이다. 그 일은 굴러오는 수레를 멈추려고 팔을 걷어붙이는 사마귀와 다를 바 없다. 그래서 필요한 것이 롤 모델이다. 질병과 죽음을 앞에 두고 어떤 태도를 가져야 하는가에 대해 자신이 평소 롤 모델로 삼을 만한 사람을 선정해 두고, 그 사람을 닮도록 애쓰는 일이 중요하다. 사람은 누구나 특히 병에 걸리면 마음이 약해질 수밖에 없고, 그런 때 롤 모델을 떠올려 흔들리는 마음에 힘을 얻고 마음 든든한 위안을 얻을 수 있다.

그런 롤 모델로 내가 삼고 있는 첫 번째 사람이 이반 일리치이다. 이반 일리치는 1926년 오스트리아 빈에서 태어났다. 철학자, 신학자, 아나키스트로 살면서 현대 사회의 제도들을 비판하면서 자율적이고도 소박한 삶을 추구하였다.

어린 시절 어머니가 유대인이라는 이유로 나치 독일이 박해를 가하자 가족 전체가 이탈리아 피렌체로 가게 된다. 그곳에서 일리치는 학창 시절을 보냈다. 그는 곧 신학에 관심을 가졌고 로

마 그레고리 대학교에서 철학과 신학을, 잘츠부르크 대학교에서 역사학을 공부했다.

대학 생활은 그에게 문제의식을 가져다주는 계기가 되었고, 1951년 그는 로마를 떠나 뉴욕으로 가서 그곳의 아일랜드-푸에르토리코 교구의 신부로 활동했다. 그는 사제 서품을 받고 나서 교황청 국제부에서 일하기로 되어 있었지만, 빈민들과 함께하고자 그 기회를 과감히 포기한다.

1961년 멕시코의 쿠에르나바카에 정착해 '문화교류문헌자료센터(CIDOC)'를 설립하고는 자본주의와 산업화를 비판하는 대안적 활동과 정책을 모색한다. 이런 활동을 하면서 일리치는 교회의 세속화, 관료제, 교조주의 등에 비판의 날을 세웠고, 이는 그와 로마 교황청 간의 긴장 관계를 심화시켰다. 결국 1967년 교황청은 일리치를 파문한다.

하지만 파문은 오히려 그가 더욱 활발하게 활동하는 계기가 되었다. 그는 본격적으로 저술과 강연 활동에 앞장섰고 특히 현대 사회의 여러 제도를 크게 비판하였다. 그는 서로 자발적으로 돕고 살았던 초기 기독교 공동체를 이상적으로 바라보았고, 제도에 의해서가 아닌 자기 자신의 자율적인 실천을 강조하였다. 그는 교육, 건강, 교통, 사랑, 노동, 에너지, 성, 의료 등 다양한 분야를 파고들면서 연구했고 그 결과를 많은 책으로 출판하였다. 현대 문명에 단호히 도전하는 그의 활동은 많은 사람들에게

영감을 주었고 사회주의, 아나키즘, 생태주의 등의 사상에도 많은 영향을 끼쳤다.

1992년 일리치는 암에 걸렸다. 하지만 그는 병원에서 치료받지 않고 스스로 병을 감내하는 것을 선택했다. 그는 발병 10년 후인 2002년 독일 브레멘에서 세상을 떠났다.(이상 '나무위키'에서 가져옴.)

내가 그를 질병과 죽음에 대한 롤 모델로 삼는 것은 그의 말년에 찾아온 병과, 그 병과 함께 하며 죽음을 맞이한 그의 태도 때문이다. 그는 죽기 10년 전 얼굴에 혹(암)이 났다. 처음에 치료하면 치료할 수 있었다. 그러나 그는 현대 의료의 치료를 거부했다. 그 혹은 점점 자라 얼굴과 목을 덮었고, 목을 가누고 돌리기조차 힘들어졌다. 그리고 통증이 갈수록 심해졌다. 그럼에도 그는 그 고통을 자신이 짊어져야 할 십자가로 여기고 병원 치료를 하지 않은 채 자신이 발명한 비법(고통을 덜기 위해 소량의 아편을 섞어 만든 것)으로 통증을 다스렸다. 그렇게 10년 동안 병과 함께 하면서 강연과 글쓰기를 쉬지 않았고, 그러다 74세에 생을 마쳤다. 자전거, 도서관, 시, 이 세 가지가 인류를 구원할 것이라는 말을 남겼다.

그가 남긴 책 가운데 우리에게 친숙한 몇 권을 소개한다.

①『탈학교 사회(Deschooling Society)』 :『학교 없는 사회』로 번역되어 있기도 하다. 학교가 교육을 하고 있다는 상식에 의문을 던진다.

②『성장을 멈춰라』: 성장 이데올로기에 대해 비판한다.

③『행복은 자전거를 타고 온다』: 에너지, 속도, 시간, 불평등 같은 말을 키워드로 에너지의 노예가 된 현대 사회의 모습을 신랄하게 비판한다.

④『병원이 병을 만든다』

질병과 죽음에 대한 나의 롤 모델 두 번째 사람은 스콧 니어링이다. 스콧 니어링은 헨리 니어링과 부부가 되어 자급자족의 삶, 조화로운 사람을 실천한 사람이다. 1930년대 미국에 대공황이 엄습하던 시기, 두 사람은 뉴욕에서 대도시의 생활을 접고 버먼트의 숲속으로 제2의 인생을 찾아 들어간다. 그곳에서의 그들의 삶은 책『조화로운 삶』에 자세히 나와 있으니 관심이 있는 이는 읽어도 좋겠다. 100세까지 건강히 잘 살다 100세가 되던 해 모든 곡기를 끊고 자발적으로 죽음을 맞이한 스콧 니어링의 일은 우리에게도 잘 알려져 있다.

세 번째 나의 롤 모델은 노르웨이 시인 울라브 하우게(1908~1994)이다. 하우게는 노르웨이의 작은 마을인 울빅에서 태어나 평생 그곳에서 살았다. 그가 태어난 울빅은 빙하로 생긴 피오르fjord 해안지대로 아주 작은 마을이라고 한다. 어려서 차례로 그의 형과 누이를 잃은 하우게는 우울증으로 정신병원에 입원했고, 고통스러운 치료 과정을 겪으면서 시를 쓰게 되었다

퇴원 후 하우게는 스무 살에 원예학을 공부했다. 그 후 그는 고향인 울빅에서 작은 사과나무 과수원을 가꾸며 살았다. 그는 자신이 지은 오두막에 살면서 사과를 팔아 돈을 마련했다. 그리고 그 돈으로 생활에 필요한 최소한의 것을 구입하여 살았다.

그의 시에는 북유럽의 자연과 노동을 통해 얻은 단순하고 맑은 삶의 깊이가 들어 있다. 그는 평생 4백여 편의 시를 썼다. 번역 시집 아동도서 등도 펴냈는데, 15세부터 죽기 전까지 쓴 방대한 분량의 일기를 출간하여, 노르웨이의 국민 시인으로 존경받는다.

내가 가지고 있는 하우게의 시집은 2008년 10월 실천문학사에서 나온 것이다. 그 시집 앞머리에 그의 전신 사진 두 장이 들어 있다. 모두 흑백인데, 한 장은 어느 호숫가를 배경으로 모자를 눌러쓴 채 점퍼 주머니에 두 손을 질러 넣고 우뚝 서 있는 모습이다. 명암이 짙어 세부적인 윤곽을 알아볼 수 없어 신비로움을 더한다. 그에 비해 다른 사진은 훨씬 크게 확대되어 있고 밝아서 하우게의 얼굴 주름이나 손등의 핏줄까지 느낄 수 있다. 나무 책꽂이에 책이 가득 꽂혀 있는 방에서 작은 의자에 앉아 깊이 사색에 잠겨 있는 노 시인의 모습이 나와 있다.

실제로 하우게는 자신의 의지에 따라 죽기 전 모든 곡기를 끊고, 평소 그가 애용하던 나무 책상에 팔꿈치를 기댄 채 의자에 앉아 죽었다고 한다. 자기 뜻에 따라 자연사한 것이다. 평생 과수원의 정원사로 살면서, 22살에 만나 함께 살다 50년 후에 결혼한 부딜 카펠란이라는 여자와 생을 같이 했다.

네 번째로 나의 질병과 건강에 대한 롤 모델은 해월 최시형 선사이다. 해월 선사는 동학의 창시자인 수운 최제우의 뒤를 이어 동학 2대 교주로 평생을 동학의 포교에 몸 바친 사람이다. 오죽하면 그의 별명이 '최보따리'였겠나. 보따리 하나 메고 관군의 추적을 피해 36년 간 강원도 경상도 충청도의 산간 오지를 종횡으로 누벼 그의 제자들이 붙여 준 별명이다. 선사가 앉은 자리는 따뜻할 새가 없다는 말이 나올 정도로 그는 한곳에 오래 머무는 일이 없었다.

해월 선사가 활동할 당시인 1860년을 전후하여 조선에는 콜레라가 만연하였다. 1859-1860년 콜레라가 전국으로 유행하여 사망자 수가 무려 40만 명에 달했다. 이 시기에는 콜레라뿐만 아니라 장티푸스, 이질, 두창 등 질병이 퍼져 백성들의 생존이 극에 달했다.

이런 상황에서 해월 선사는 구체적인 위생 방역을 실천했다. 선사가 교인들에게 방역지침으로 제시한 것은 묵은 밥을 새 밥에 섞지 말 것, 묵은 음식은 끓여 먹을 것, 코나 침을 아무데나 뱉지 말 것, 대변을 본 뒤에는 땅에 묻을 것, 지저분한 물을 아무데나 버리지 말 것 등 다섯 가지였다. 그리고 그 역시 이 다섯 가지 조항을 철저히 지켰다. 이는 1886년 유행한 콜레라 등 전염병을 예방하는 데

건강 관리를 잘하라

꼭 필요한 기초적인 처방이었다.

1800년대 콜레라의 창궐은 전 세계를 휩쓸고 간 코로나19 바이러스를 연상시킨다. 40만 명이 죽어 나가는 상황에서 최시형 선사는 생활 속의 기초 방역을 철저히 수행하여 전염병으로부터 안전하게 살아남았고, 일반 동학 교도들도 무사히 살아남아 동학의 교세 확장에 크게 기여하였다.

이반 일리치, 스콧 니어링, 울라브 하우게, 최시형 선사가 질병과 죽음에 대한 나의 롤 모델이다. 몸이 아파 병원에 갈 때 약국에서 약을 타올 때 나는 늘 이분들을 떠올리며 이분들이었다면 어떻게 했을까를 묻고 그 답을 들으려고 노력한다. 현대 사회 의료 시스템에 휘둘리지 않기 위해서다.

• 규칙적인 생활과 운동

규칙적인 생활 습관과 운동도 건강에 필수적이다. 운동은 다른 무엇보다 제 몸에 맞으면서 즐겁게 해야 한다. 나는 아침에 일어나면 하는 몸풀기 운동과 하루에 한 번 산에 가는 운동을 하고 있다. 아침 몸풀기 운동은 주로 가벼운 스트레칭과 마사지로 한다. 굳은 근육을 풀어 주고 몸 부위 곳곳을 마사지하듯 주물러 준다. 이때 잊지 않고 하는 것이 감사하기이다. 팔을 마사지한 후에는 감사합니다, 어깨를 마사지한 후에도 또 감사합니다, 이런 식으로. 신체 각 부위를 마사지한 후 고장 나지 않고 잘 견뎌줘서 감사합니다, 라는 말을 꼭 한다.

산은 집 뒤에 있는 산에 간다. 하루에 1시간에서 1시간 반 정도. 비가 오면 우산을 쓰고, 눈이 오면 방한복을 단단히 입고 다닌다. 그렇게 30년 동안 산행하면서 느낀 소회를 시로 써서 2022년 『산』이라는 시집을 내기도 하였다.

• 유전자 스위치론

건강과 관련하여 나는 오랫동안 이런 의문에 사로잡혀 있었다. 이른바 몸에 좋은 음식을 잘 가려먹고 운동도 열심히 하는데 유전적인 질병은 어떻게 해야 하나. 유전이라면 이미 선천적으로 결정된 사항으로 개인이 어떻게 할 수 있는 것이 아니지 않은가.

예컨대 부모님 중 한 분이 암으로 돌아가셨고, 형제자매 가운데 한 분이 또 암으로 돌아가셨다면, 그렇다면 나는 어떻게 되나? 이런 경우 아무리 건강을 위해 애쓰더라도 암에 걸릴 가능성을 피할 수 없지 않은가.

이런 의문을 갖고 지내던 중 나름대로 이에 대한 답을 얻었다. 그

건강 관리를 잘하라

것이 바로 '유전자 스위치론'이다. 이 유전자 스위치론의 주된 내용은 유전적으로 어떤 질병에 걸릴 확률이 크다 해도 본인의 노력 여하에 따라 그 질병을 유발하는 유전자의 스위치를 켜거나 끌 수 있다는 것이다. 관리하지 않으면 그 질병의 유전자 스위치가 켜져서 질병이 발생하고, 평소 관리를 잘 하면 그 유전자가 꺼져 있는 상태가 되어 질병이 발생하지 않을 수 있다는 것이다.

아주 거칠게 요약한 이런 내용을 다루는 책이 벤 린치가 쓴『유전자 클린 혁명』이다. 관심 있는 분들은 읽어 볼 필요가 있겠다. 그리고 신문기사 하나를 소개한다.

우리 인간은 자신의 유전자 운명을 적극적으로 조종할 수 있을까? 결론부터 얘기하면 "그렇다"이다. 유전학자들은 식사 · 운동 같은 생활 습관과 흡연 · 수면 같은 우리의 행동을 둘러싼 환경인자가 몸의 유전자에게 생화학 신호를 전달해 '의사소통'을 하고, 심지어 우리 몸의 '유전자 스위치'를 끄거나 켤 수도 있다고 주장한다. 좀 과장돼 보일 수 있으나 과학적으로 가능한 일이다. 예를 들어 음식이나 다양한 환경 요소는 인간의 유전자에 작은 흔적을 남기게 되고, 그 신호가 지속될 경우 후성유전 핵심 인자인 '히스톤 단백질'에 생화학 신호를 보내 유전자에 기록될 수 있는 것이다.

이처럼 후천적으로 유전자의 기능에 영향을 미치는 식품은 아주 많다. 대표적으로 콩은 환경 호르몬에 의해 암으로 진행되는 유전자를 정상 상태로 되돌려 놓는 DNA 조절자로서뿐만 아니라 히스톤 단백질의 구조에도 영향을 미칠 수 있다. 최근 필자의 연구팀에서도 한식의 식재료인 대파, 부추, 미나리, 도토리의 성분이 유전자 스위치와 표적 유전자의 발현에 영향을 줄 수 있음을 밝힌 바 있다. 이 외에도 학계에서는 포도, 마늘, 양파, 생강, 브로콜리의 주요 성분에도 유전자 스위치 전환 능력이 있다고 보고돼 있다.

(중략)

더욱 흥미로운 발견은 식단을 바꾼 지 2주 만에 혈액 세포 DNA 상의 신호에 변화가 일어났다는 사실이다. 비만과 고혈압에 관여하는 일부 질병 유전자 스위치에 2주 동안의 전통 한식 식단이 생화학 신호를 보낸 것이다. 이 유전자 스위치가 모두 질병 유전자를 끄거나 켰는지의 여부는 현재 단계에서는 속단할 수 없으나 전통 한식 식단이 대사질환 위험인자를 줄였으며, 나아가 후성적으로 유전자에 영향을 줄 수 있다는 사실을 발견한 중요한 연구 결과이다.

결론적으로 우리는 자신의 체내 유전자를 건강한 경로로 갈 수 있게 조종할 수 있다. 지금 내가 먹는 식품 또는 식습관이 나의 유전자에 기록되고, 이 정보는 유전자를 바꾸어 미래의 내 건강뿐만 아니라 후손의 건강에까지 영향을 줄 수 있다는 점을 명심해야 한다. 유전자의 기능을 후성적으로 돌려 놓거나 변화시키는 것은 어릴수록 잘 반응한다. 어릴 때 섭취한 음식에 대한 유전자의 기억이 중요한 이유이다. (이하 략)

－「비만·고혈압 위험 감소… 유전자도 바꿔 주는 한식은 미래의 건강지킴이」 (경향신문 2019년 6월 9일 자, 김윤숙(한국식품연구원 식품기능연구본부장)

• 스트레스 관리

건강 관리에서 가장 큰 비중을 차지하는 것은 스트레스 관리이다. 스트레스 관리에 관한 책이나 정보는 이루 헤아릴 수 없을 정도로 많다. 우리나라 사람들이 가장 많이 사용하는 외래어 1위가 스트레스라는 말이 있다. 그만큼 스트레스는 우리 생활과 밀접하며 개인마다 다르게 느끼는 심리 현상이다.

스트레스는 과학 기술의 발전으로 눈만 뜨면 변하는 사회의 속도와 과도한 업무 그리고 대인관계에서 오는 어려움 등에서 온다. 스트레스라는 말은 원래 19세기 물리학 영역에서 팽팽히 조인다라는 뜻의 stringer라는 라틴어에 기원이 있다. 스트레스는 캐나다의 내분비학자 H. 셀리에가 처음으로 명명했는데, 정신적 육체적 안정을 깨뜨리는 자극과 변화에 저항하는 반응의 현상으로 나타난다.

셀리에는 스트레스를 경보 반응(alarm) → 대응과 저항 반응 → 탈진 반응의 3단계로 나눈다. 스트레스 요인이 오랫동안 지속되어 마지막 단계인 탈진 반응에 이르면, 신체적 정신적 질병으로 발전할 수 있다는 것이다.

스트레스의 일반적 특징이 있다. 이 점을 잘 이해하면 스트레스를 관리하는 데 도움이 될 수 있다. 스트레스는 누구에게나 항상 있다. 누구도 살아 있는 한 이 스트레스에서 자유로울 수 없다. 그러니까 스트레스는 정도의 차이가 있을 뿐 누구나 겪고 있다는 것이다.

스트레스는 변화에 의해 일어난다. 아무 변화가 없다면 스트레스를 받을 일이 없다. 어떤 자극에 의해 내외적 변화가 일어나고 그로 인해 신체적 정신적 스트레스로 발전한다.

모든 스트레스는 부담으로 작용한다. 스트레스는 고통뿐만 아니라 쾌락이나 기쁨에서도 온다. 스트레스를 받게 되면 그 상황에 재적응하게 되는데, 이렇게 재적응에 성공하면 건강과 미래에 좋은 결과를 가져다준다. 그러니 스트레스 받는다고 무작정 짜증부터 낼 일이 아니다.

스트레스를 받으면 처음에는 불안, 초조, 걱정, 근심 등이 발생하고, 점차 우울 증상이 나타난다. 그런데 대부분 불안이나 우울 증상은 일시적이고 스트레스가 해소되면 사라진다. 그러나 스트레스

요인이 오래 지속될 경우 여러 정신 질환으로 발전할 수 있다. 스트레스로 인해 흔히 생길 수 있는 정신 질환은 적응 장애, 불안 장애, 기분 장애, 식이 장애, 성기능 장애, 수면 장애, 알코올 및 물질 사용 장애 등이 있다.

스트레스는 신체의 질환에도 영향을 미친다. 스트레스가 신체 질환의 발생 원인이나 악화 요인으로 작용한다는 사실은 이미 널리 알려져 있다. 스트레스를 받으면 우리 몸의 기관인 근골격계(긴장성 두통 등), 위장 관계(과민성 대장 증후군), 심혈관계(고혈압) 등이 영향을 더 많이 받는다. 또한 스트레스는 면역 기능도 떨어트려 여러 질병에 걸리기 쉬운 상태가 된다.

• 스트레스에 강한 사람과 유독 취약한 사람

스트레스를 받으면 짜증부터 내는 사람이 있다. 짜증은 습관적이다. 짜증을 자주 내게 되면 짜증도 만성화가 되어 스트레스 해소에 별 도움이 안 된다. 스트레스를 받게 되면 짜증스런 감정을 표출하기보다는 스트레스의 원인을 파악하여 대처하는 게 좋다.

우리 주위에 보면 유독 스트레스에 취약한 사람이 있고 스트레스에 강한 사람이 있다. 이는 청소년기 형성되는 자아와 관계가 깊은데, 청소년기에 형성되는 자아에는 두 가지가 있다고 한다. 하나는 대치 자아이고 하나는 통합 자아이다. 대치 자아는 외부의 주입에 의해 형성된 자아이다. 곧 그 사람의 내외적 갈등 상황에 대한 해결 방안을 외부에서 주입하여 형성된 자아이다. 어떤 문제를 본인의 힘으로 해결하는 것이 아니라 이미 정해져 있는 정답을 주입하여 형성된 자아이기 때문에 제대로 형성된 자아라 할 수 없다.

반면 통합 자아는 어떤 문제에 대한 갈등 상황을 자신의 힘으로 자신의 밑바닥에 닿을 때까지 끌고 내려가 해결 방안을 찾아냄으로써 형성되는 자아이다. 통합 자아는 대치 자아처럼 외부에서 정답이 주입되지 않아 문제(갈등)를 스스로의 힘으로 해결한다. 따라서 통합 자아가 형성되는 데에는 시간이 많이 걸린다. 그러나 대치 자아는 그렇지 않다. 대치 자아는 부모의 가치관이나 교사의 가르침, 참고서에 제시되어 있는 정답 같은 외부에 이미 형성된 가치관이 주입됨으로써 자아 형성 과정이 통합 자아처럼 긴 시간 치열한 자기 고민이 없게 된다.

대치 자아는 비유하자면 금이 간 유리와 같다. 반면에 통합 자아는 통유리와 같다. 비바람(스트레스)이 몰아치면 금이 간 유리는 쉽게 와장창 깨진다. 그러나 통유리는 금이 없이 튼튼하기 때문에 몰아치는 비바람을 견딜 수 있다.

우리나라 청소년들이 처해 있는 상황을 보면 대치 자아가 형성될 가능성이 매우 높다. 대치 자아가 형성된 사람은 커서 스트레스에 취약한 인간형이 되기 쉽다. 똑같은 일인데 누구는 의연하게 넘어가지만 누구는 지나치게 예민하게 반응하여 주위 사람을 긴장시킨다. 스트레스에 취약하기 때문이며, 삶을 살아내고 견디는 힘이 약하기 때문이다.

통합 자아가 형성되는 데 좋은 활동으로 독서, 토론, 여행 등을 들 수 있다. 평화교육에서 갈등을 이기는 힘, 곧 평화력도 통합 자아 형성에 도움이 된다. 시간이 걸리더라도 스스로 문제를 해결하는 경험은 성취욕뿐만 아니라 스트레스에 강한 힘을 길러 준다.

• 나의 스트레스 관리

스트레스 관리와 관련하여 평소 내가 실행하는 몇 가지에 대해 이야기한다.

먼저 '마음 편한 게 최고다'라는 생각을 늘 자신에게 깨우친다. 인간관계, 돈, 글쓰기, 책을 발간하는 일 등 내가 하는 모든 일에서 마음이 편한 게 최고라는 것이다. 그리고 실제로 그렇게 되도록 일의 속도나 양 인간관계 등을 줄여 나간다.

둘째, 스트레스 주는 일을 먼저 처리한다. 매도 먼저 맞는 것이 낫다고, 일상에서 스트레스를 주는 크고 작은 일을 먼저 처리한다.

셋째, 내가 하는 모든 일을 거리감을 두고 바라본다. 마치 연극무대에서 나라는 배우가 연기하는 것을 객석의 내가 바라보고 있다고 생각하는 것이다. 그러면 삶의 자리에 꼭, 반드시, 절대로, 이런 말들이 사라지고, 그런가 보다, 그럴 수도 있지 하는 너그러운 시선이 생겨난다. 그렇게 관조의 시선이 생기면 나에게 일어나는 일들이 좋은 일도 그렇다고 나쁜 일도 아니게 된다. 모든 일이 생각하기에 달린 것이다. 그럴 수도 있고 저럴 수도 있고, 좋기도 하고 나쁘기도 하고, 이래도 좋고 저래도 좋으니 스트레스에서 한 발 비껴 있는 셈이다.

넷째, 그 시간이 되면 그 일을 하는 것이다. 앞서 말한 '루틴'의 생활화라고도 할 수 있는데, 가능한 생활을 규칙적으로 하는 것이다. 규칙은 의외로 마음의 안정을 가져다준다. 정해진 틀을 따르면 되기 때문이다. 마치 학생들이 교복을 입고 등교하는 것과 같다. 등교할 때는 정해진 교복을 입고 가면 되니 다른 옷 걱정을 할 필요가 없다.

• 피곤하면 나타나는 현상

사람은 스트레스를 받아 몸과 마음이 피곤해지면 상스러운 언행과 욕을 많이 하게 된다. 목소리가 날카로워지고 짜증을 많이 낸다. 남을 비난하는 일이 잦고 어떤 결정을 내리지 못해 그로 인해 또 스트레스를 받는다. 몸을 움직이기 싫어하고 음식이나 술을 조절하지 못한다

말실수를 많이 한다. 원래 하려던 말과 실제로 입 밖으로 튀어나

온 말이 달라 당혹스러워한다. 가슴이 두근거리고 얼굴이 붉어지며 안절부절하지 못 한다. 주변의 기물을 부수고 싶은 충동을 느낀다. 하나의 스트레스는 또 다른 스트레스를 불러와 스트레스 장벽에 갇히게 된다. 이럴 땐 에이 모르겠다 잠이나 자자, 하는 마음으로 복잡한 판단을 중지하고 휴식을 취해야 한다.

• 환자 간병의 문제

건강 문제와 관련하여 같이 살펴야 할 것이 간병 문제다. 퇴직자 본인뿐만 아니라 연로한 부모님이 계실 경우 간병 문제가 퇴직 생활의 큰 비중을 차지하게 된다. 간병은 시간과 경제적으로 노후의 삶의 질을 좌우하는 중요한 문제다. 가족 가운데 배우자나 부모가 치매나 거동이 불편한 뇌졸중(뇌출혈, 뇌경색) 후유증을 앓고 계신 분들이 상당히 많기 때문이다.

집에서 간병을 하다 보면 몸이 녹초가 되기 쉽다. 직업 간병인을 쓰게 되면 비싼 간병비에 소득의 대부분이 나갈 수도 있다. 그렇다고 무슨 뾰족한 대책이나 희망이 있는 것도 아니다. 환자는 그렇게 요양원이나 병원에서 누워 계시다 수명을 다하게 된다.

나의 아버지는 4년간 요양원에 계시다 돌아가셨다. 지금은 노인 장기 요양 보험이 있어서 그래도 간병에 많은 도움을 받을 수 있다.

그러나 그 전에는 그것마저 없어 간병비는 시설마다 천차만별이고 그에 따른 부대 비용도 일정한 기준이 없었다.

내 경험을 바탕으로 간병 문제에 대해 몇 가지 이야기한다.

첫째, 가능한 환자의 간병을 가족이 하지 마라. 환자가 몸이 불편해 대소변을 처리하지 못하는 상태가 되면 요양원이나 병원으로 모셔야 한다. 어쩌다 가족이 간병을 맡는 경우가 있는데, 얼마 못 가 '번아웃' 되어 개인의 삶은 사라지고 가족 간에 불화가 일어난다. 간병 살인이라는 말이 나오는 것도 그런 이유에서이다. 간병에 드는 여러 비용을 가족들이 어떻게 부담할지, 민주적이고 깊이 있는 가족회의를 통해 환자를 시설에 맡기는 게 좋다.

둘째, 이 모든 과정을 집행할 '집사'가 한 명 있어야 한다. 돈이 마련된다고 간병이 자연스럽게 다 되는 것은 절대 아니다. 간병인을 물색하고, 값싸고 좋은 시설을 알아보고, 가족들 면회 일정을 짜고, 여러 상황을 그때마다 공유할 수 있는 책임감 있는 집사가 있어야 한다. 여기서 한 가지 주의할 것이 집사＝독박 간병이 되어서는 안 된다. 집사는 간병의 전체적인 상황을 통괄하고 실무적인 일을 빈틈없이 추진해 나가는 역할을 맡는 사람이다. 간병에는 무엇보다 가족 간의 협력이 중요하다. 가장 큰 것은 간병에 드는 비용, 간병비 병원비 기타 부대비용을 가족들이 잘 협의해서 마련하는 것이다. 간병을 오래 하다 보면 누구 하나가 간병을 떠맡는 현상이 나타나곤 하는데, 혼자 떠맡는 독박 간병이 되어서는 안 된다.

• 고통의 의미를 생각하라

고통은 그 고통의 의미를 생각할 때 더 이상 고통이 아니라는 말이 있다. 퇴직자들은 나이가 들어 몸에 한두 가지 문제가 없는 경우가 없다. 세상의 모든 것은 오래 사용하면 마모되게 마련이고, 그러다 보면 고장이 나 수리를 해야 한다. 암 같은 큰 병이 찾아와도 그 병이 나에게 주는 의미를 깨달을 때 고통으로만 끝나지 않는다. 이가 아프면 치과에 가야 하고 숨쉬기가 답답하면 내과에 가야 한다. 그러려니 해야 하고, 나이가 벌써 그렇게 되었구나 하면서 받아들여야 한다.

대추나무에 대추를 많이 열게 하려면 염소를 매어 놓는다고 한다. 묶여 있는 염소는 잠시도 가만있지 않고 고삐를 당겨 나무를 흔들어댄다. 그러면 대추나무가 잔뜩 긴장하여 본능적으로 번식을 하기 위해 대추를 많이 열게 한다고 한다. 이런 이치는 환경이 좋지 않은 척박한 땅에서 자라는 소나무도 마찬가지이다. 생명에 위기를 느낀 소나무는 다른 곳의 소나무보다 솔방울을 더 많이 맺는다.

우리 몸도 마찬가지이다. 그냥 편안히 두면 급속히 쇠퇴하고 질병과 노화에 취약해진다. 많이 움직이고 많이 써야 건강해진다. 히포크라테스의 말이다. "기분이 우울하면 걸어라. 그래도 여전히 우울하면 다시 걸어라."

• 자기 몸의 관찰자(실험자)가 돼라

건강 관리와 관련하여 맨 처음에 했던 질문. 건강하다는 것은 무엇일까? 100미터 달리기를 17초 안에 달리면 건강한가? 턱걸이 15개를 하면 건강한가? 복부 근육이 식스 피스면 건강한가? 아니다. 아프지 않으면 건강한 거다.

행복이란 무엇일까? 돈이 많으면 행복할까? 권력이 있으면 행복할까? 아니다. 괴롭지 않으면 행복한 것이다. 우울하고 외롭고 밉고 원망스럽고 화나고 짜증 나는 것은 행복하지 않은 것이다. 마음이 병들지 않고 몸이 아프지 않은 사람. 이런 사람이 바로 건강한 사람이고 행복한 사람이다

몸이 아프면 먼저 병원으로 달려가기 전 자기 몸의 관찰자가 되어야 한다. 하다 안되면 병원이라는 외부의 힘을 빌리더라도, 우선 내 힘으로 할 수 있는 데까지는 해야 한다.

〈관찰자〉

몸이 아프면
자기 몸의 관찰자가 되어야 한다

약에 병원에 매달리지 말고
요모조모 먹는 음식도 조절해 보고

하는 일 습관도 바꿔 보면서
자기 몸이 어떻게 변하나
관찰하는 사람이 되어야 한다
자기에게 맞는
자기만의 처방을 찾아야 한다

조금만 방심해도
순식간에 치고 들어와 우리를 점령해 버리는
현대 물질문명 시스템에
현대 의료 체제 시스템에
휘둘리지 않으려면
헛된 희망에 너덜대지 않으려면

- ☐ 건강이란?
- ☐ 건강관
- ☐ 그나마
- ☐ 백세 시대
- ☐ 건강 장수에 필요한 것들
- ☐ 병病
- ☐ 현대 사회 의료 시스템
- ☐ 건강 롤 모델
- ☐ 운동
- ☐ 유전자 스위치론
- ☐ 스트레스
- ☐ 통합 자아와 대치 자아
- ☐ 피곤
- ☐ 간병
- ☐ 고통의 의미
- ☐ 자기 몸의 관찰자

자산 관리를 잘하라

• 워라벨을 추구하라

퇴직 후 가장 중요한 문제는 뭐니뭐니 해도 먹고사는 문제이다. 먹고사는 문제가 해결되지 않으면 퇴직 후의 시간 대부분을 생계 문제 해결에 써야 한다. 여가와 취미 활동을 살리고, 자기가 하고 싶은 일을 하는 일은 난망한 일이다. 모든 일은 경제적 여유가 있어야 가능하다. 경제적 여유가 있어야 자신이 일하고 싶은 새로운 분야의 재취업도 가능하다. 그렇지 않다면 생계형 노동에 매달려 퇴직 후 자아실현의 기회를 가질 수 없다.

무슨 일을 하든 '워라벨'을 추구할 필요가 있다. 워라벨은 Work life balance의 준말로 일과 삶의 균형을 뜻한다. 물론 이것도 경제적 여유가 있을 때의 일이지만, 퇴직 후의 생활은 이 워라벨을 추구하는 생활이 되어야 한다. 퇴직자의 삶은 대부분 인생 후반기의 삶이다. 전반기가 소위 돈을 벌고 모으기 위해 애썼다면, 하반기는 그런 경제 활동의 장에서 물러나 의미와 보람 있는 일을 하면서 자아를 실현해 나아가는 시기이다.

퇴직 후 아무 일도 안 하면서 지낼 수는 없다. 따라서 무슨 일을 하든 일과 생활의 균형이 맞는 선에서 해야 한다. 그리고 그런 생활을 가능하게 하기 위해 자산 관리가 필요하다.

• 주식 투자를 하지 마라

자산 관리 첫 번째는 주식 투자를 하지 말라는 것이다. 이 말은 실은 퇴직 전 직장에 근무할 때부터 적용되어야 할 말이다. 자본주의 사회의 꽃은 무엇인가? 광고와 주식이다. 그런데 주식 투자를 하지 말라니 이게 뭔 소리인가? 그렇다. 주식 투자를 하지 마라.

나는 주식뿐만 아니라 다른 투자도 하지 말 것을 권유한다. 돈에 대한 갈망에 빠져 있는 사람일수록 투자하지 마라. 이유는 간단하다. 잃기 때문이다. 사람이 주식이든 부동산이든 투자를 하게 되면 온 신경이 그것에 쏠려 하루종일 그 일에 집착하게 된다. 하루만 집착하는 게 아니다. 등락에 따라 감정이 널뛰듯 요동치고, 그런 상태로 한 달, 두 달, 일 년, 이 년을 보내다 보면 정상적인 정신 상태를 유지하기 어렵게 된다.

투자하지 마라. 그것이 돈 버는 길이다. 투자하지 않으면 소득은 없겠지만 손실도 없다. 돈이란 새나가지 않으면 굳게 마련이다. 투자하지 않는 그 시간에 다른 의미 있는 일을 하라. 그것도 어려우면 그냥 가만히 있어라. 나는 주위에서 겉으로는 부자네 뭐네 하면서 주식에 탈탈 털려 땡전 한 푼 없이 걸걸대는 사람들을 많이 보았다. 그리고 전에 어떤 기회에 과연 자본주의 사회에서 개인이 주식에 투자해서 돈을 벌 수 있나?, 라는 주제를 놓고 연구한 적이 있다. 결론은 불가능하다는 것이었다.

• **투자에 대한 안목**

투자에 대해 우리는 다음과 같은 안목을 가져야 한다. 곧 1년이라는 단기적으로 보면 투자해서 잃기도 하고 벌기도 하지만, 그래서 일희일비하지만, 10년이라는 장기적 관점에서 보면 플러스 마이너스 제로만 돼도 다행이라는 것이다. 다시 말해 일 억이란 돈을 가지고 10년 동안 주식을 하든, 부동산에 투자하든, 환투기를 하든, 금을 사든, 은행에 넣어 두든 그 수익률은 거의 비슷하다고.

그런데 문제는 이렇게 장기적으로 봤을 때 투자에 대한 수익이 많지 않음에도, 투자자는 그 투자한 일에 온 신경을 집중해 인생에서 가장 중요한 시간을 다 헛되이 보낸다는 것이다. 인생에서 시간은 그 무엇과도 바꿀 수 없는 소중한 자산이다. 그런데 이 귀한 노년의 시간을 별 수익도 남지 않는 투자에 허비한다는 것은 너무 아까운 일이다. 자기가 좋아하는 일을 하고, 좋아하는 사람을 만나고, 사회에 의미 있는 일을 해야 할 시간에 매일 투자 종목의 등락을 보기 위해 컴퓨터 앞에 앉아 있고, 만나는 사람마다 잃고 딴 이야기에 시간을 보내는 것은 노년의 삶을 허비하는 일이다.

• 퇴직금과 연금

퇴직자에겐 은퇴 자금이 있다. 퇴직 전까지 은행에 모아 놓은 예금과 퇴직에 따른 퇴직금이 그것이다. 개인에 따라 직종에 따라 퇴직금은 각기 다르다. 우리나라의 경우 2021년 퇴직 근로자들이 수령한 퇴직금은 1인당 평균 1500만 원 수준이다. 상위 1% 고소득 퇴직자는 4억 원이 넘는다. 2017년 기준 평균 퇴직금 1308만 원보다 14.7% 증가했지만, 전체 퇴직자 중 74%의 퇴직금은 1천만 원에도 못 미치는 것으로 드러났다.

조기 퇴직(명예퇴직)할 경우 남은 근무 잔여 월수에 따라 지급되는 명퇴금이 있다. 명퇴금 역시 개인별로 다 다르며, 그 외에 재직시 공제회 같은 곳에 불입한 액수에 따라 계산되어 나오는 돈이 또 있다. 이는 직종마다 개인마다 모두 다르기 때문에 일괄적인 수령액을 산출하기가 어렵다.

퇴직금을 타게 되면 돈 냄새를 기가 막히게 맡고 연락하는 사람들이 있다. 친구, 동창, 심지어 자식까지 어떻게 해서든 퇴직금을 빼먹으려고 달려드는 사람들이다. 제각각 절박한 사정을 하소연해 거절하기 어렵다. 그러나 그럴수록 마음을 다잡고 현명하게 대처해야 한다. 돈을 거래하는 것은 잘해야 본전이요, 자칫하면 관계의 파탄을 불러오는 애물이라는 점을 명심해야 한다.

퇴직 후 수입에서 가장 많은 비중을 차지하는 것은 연금이다. 우리나라 연금 제도는 1960년 공무원 연금 제도를 시작으로 군인 연금 제도(1963), 사립학교 교직원 연금 제도(1975)가 실시되고 있으며, 1986년에 국민연금법이 제정되어 1988년부터 국민연금 제도를 시행하고 있다. 연금은 퇴직자들에게 재정적인 안정과 심리적 안정을 제공하기 때문에 노년기에 가장 중요한 수입원(생활비)이다.

오늘날 연금 제도는 퇴직자들에게 중요한 생활안정을 제공하지만 그 지속성과 효과에 대해서는 여러 의문을 낳기도 한다. 가장 큰 문제는 급속히 진행되는 고령화인데, 연금 수급을 누리는 노년층이 늘어나고, 연금 지급을 위한 자원 조달이 줄어들면서 발생하는 문제이다.

현재 우리나라에서 시행되고 있는 연금 제도에는 다음과 같은 것들이 있다.

첫째 기초 연금. 기초 연금은 65세 이상 노인들에게 국가가 매월

32만 원씩 지급하는 연금 제도이다. 기초 연금 대상자로는 65세 이상, 소득 인정액 기준 하위 70% 노인에게 지급한다. 노후 준비가 아무것도 되어 있지 않고 재산이 전혀 없으면 기초 연금을 받을 수 있으며, 부부의 경우 두 사람 모두 연금을 받을 수 있다.

그리고 공적 연금 제도로 일반 국민을 대상으로 하는 국민연금, 국가 공무원 및 지방 공무원 공립학교 교원를 대상으로 하는 공무원 연금, 장교 및 지원에 의해 임용된 하사관 즉 직업 군인을 적용 대상으로 하는 군인 연금, 사립학교 교원 및 사무직원을 적용 대상으로 하는 사립학교 교원 연금이 있다.

공적 연금 제도와는 다르게 개인이 노후 준비를 위해 드는 개인 연금이 있다. 우리가 흔히 말하는 연금 저축 상품을 말하는데, 개인 연금 제도에는 세액 공제나 소득 공제에서 상품마다 차이가 있으므로 이에 대해 사전에 숙지하고 드는 것이 좋다.

또 주택 연금(부동산 담보 연금) 제도도 퇴직자라면 활용해 볼 가치가 있다. 주택 연금은 주택 소유자나 배우자가 55세 이상으로 주택 가격이 9억 원 이하인 경우에만 해당된다. 살고 있는 집을 담보로 주택금융공사에 연금을 신청하게 되면 집값에 따라 연금 형식으로 평생 받다가 나중에 죽었는데 집값이 남으면 상속으로 처리해 주고, 모자라면 국가가 부담해서 해결해 주는 제도이다.

농지 연금도 있다. 농지 연금은 농지를 담보로 일정 기간 연금을 받는 제도로 2011년에 도입되었다. 본인 65세 이상(배우자 60세 이상)에 영농 경력 5년 이상이면 가능하고 한국농어촌공사에서 관장한다. 여기서 한 가지 말해야 할 것은 각종 연금의 가입 자격과 수령 조건은 때에 따라 변화가 심하니, 사전에 전문가 등을 통해 알아둘 필요가 있다는 것이다.

퇴직자의 경제생활에서 중요한 것은 결코 마르지 않는 샘처럼 꾸준히 들어오는 돈이다. 그리고 그 마르지 않는 돈이 바로 연금이다. 로또 당첨이나 어떤 투자에 대박이 나 뜻하지 않게 거금을 거머쥐는 경우도 있으나, 이는 어쩌다 있을까 말까 한 이야기이다. 연금 생활자라 불리는 퇴직자에게 연금은 그래서 소중하며, 갈수록 연금에 의지하는 의존도가 높게 된다.

흥미로운 표가 하나 있어 소개한다. 〈2019년 고령자 통계, 강창희 대표〉에 의하면 우리나라에 비해 외국 노인의 연금 의존도는 월등히 높음을 알 수 있다.

단위(%)

	한국		미국	일본	독일
	1980년	2019년			
자녀의 도움	72	20.2	0.7	1~2	0.4
공적, 사적연금	0.8	17.4	60~70	60~70	80~90
*기타	27	62.4	30~40	30~40	10~20

* 기타 : 정부 보조금, 배우자 소득, 예적금, 근로활동 등.

표에서 흥미로운 것은, 외국인 노인의 자녀 의존도가 1% 남짓인데 비해 한국 노인의 자녀 의존도는 20.2%라는 것이다. 또 한국은 노후 생활비를 정부 보조금이나 배우자의 소득 예적금으로 충당하는 사람이 62.4%인데 비해 외국은 그 비율이 낮다는 것이다. 이는 공적 지원금인 정부 보조금과 개인 소득인 예적금 이자와 근로 활동에 한국의 노인들이 더 많이 의존하고 있음을 나타낸다. 이는 다시 말해 한국의 노인들은 정책에 의해 정부 보조금이 끊기거나 예적금 이자가 낮아질 경우, 그리고 해 오던 근로 활동 일자리가 없어질 경우 소득 빈곤의 처지로 전락할 수 있음을 뜻한다.

• 상속과 증여

자산 관리에서 빼놓을 수 없는 부분이 상속과 증여이다. 상속과 증여는 자산의 무상 이전이라는 점에서는 같지만 상속은 사후에 증여는 생전에 이루어진다. 대부분 가난한 사람들에게 상속과 증여는 먼 나라의 이야기겠지만, 집값이 많이 오르고 자산 가치가 높아진 오늘날 사람들에게 상속과 증여는 관심의 대상이 아닐 수 없다.

또 상속되는 재산이 많을 경우 유족 간 분쟁으로 치달아 가정이 파탄 나는 경우도 있기 때문에 이에 대한 숙지가 필요하다. 법적인 원칙에 따라 해결하기보다는 가족 간 우애 있는 태도가 더 중요하지만, 문제가 발생하면 결국 법대로 해결해야 하기 때문이다.

상속과 증여에서 꼭 알아야 할 것이 세율이다. 상속세나 증여세는 개인에 따라 다 다르기 때문에 막상 일이 생길 경우에는 전문가의 도움을 받는 게 좋다. 상속되고 증여되는 액수와 그에 따른 세율이 다르기에 하는 말이다.

증여세의 경우 증여 시 과세 되지 않는 액수로 10년 간 배우자는 6억 원, 성인 자녀는 5천만 원, 미성인 자녀는 2천만 원까지이다. 그리고 사위 며느리 기타 친족은 1천만 원이다. 그런데 여기에 2023년 하반기부터 증여세가 개정되어 증여세 면제 한도액이 상향되었다. 곧 혼인하는 자녀에 대한 증여 재산 공제인 '혼인공제'가 신설되어 혼인공제 1억 원이 더 추가되었다. 이는 우리 사회가 직면하고 있는 저출산 문제를 해결하기 위한 것으로 보이는데 그 실효성이 얼마나 될지는 두고 봐야 할 것이다.

연금 상속의 문제도 중요한 문제 가운데 하나이다. 연금에 의존해 생활하던 가정이 연금 수급자가 질병이나 사고로 갑자기 죽었을 경우, 남은 가족의 생계가 당장 막막해지기 때문이다. 연금은 일단 상속이 된다. 연금은 상속자산이며, 다만 연금에 따라 수령되는 조건이 각기 다르다. 국민연금, 공무원연금, 군인 연금, 사학연금, 개인연금 등에 따라 수령 조건이나 수령 순서, 수령액 등이 다 다르기 때문에 자세한 내용은 역시 전문가를 통해 개인별로 알아보아야 한다.

• 유형 자산과 무형 자산

자산에는 유형 자산과 무형 자산이 있다. 유형 자산은 주택, 현금, 예금을 말한다. 무형 자산은 지식, 기술, 건강, 성격, 우정, 경험, 변화에 대한 대응력 등인데, 유형 자산을 바탕으로 무형 자산이 확대된다.

여기서 중요한 것은 자신의 자산을 파악할 때 유형 자산뿐만 아니라 무형 자산까지 파악해야 한다는 것이다. 이 부분이 총체적으로 파악이 되어야 퇴직 후 자신이 하고자 하는 일의 방향이 제대로 나온다. 다시 말해 막연한 기대감이나 추측이 아닌, 구체적으로 나의 형편과 역량을 바탕으로 분석해야 퇴직 후 자신의 진로를 설정할 수 있다. 유형 자산만큼이나 중요한 것이 무형 자산이다. 지식, 기술, 평판, 전문성, 건강, 의지, 재능, 기반, 실무력, 경험, 인적 네트워크, 변화(스트레스)에 대한 대응력, 태도, 적응력, 호기심, 실천력 잠재력 등이 모두 무형 자산이다.

• 부채 관리

부채는 갚아야 할 돈이다. 살다 보면 빚을 질 수밖에 없는 때가 있다. 집을 산다거나 자식 교육을 위해 혹은 병을 얻어 치료하기 위해 혹은 투자를 하기 위해 등, 그 상황은 여러 가지이다. 큰 기업 같은 데는 부채도 자산으로 취급한다. 빚을 내어 수익을 창출하고 그 수

익으로 빚을 갚을 능력이 있어야 빚도 지게 된다는 원리이다. 그러나 그런 일은 일반 서민들에게는 통하지 않는다. 빚은 빚일 뿐이다.

퇴직 시 빚을 제로로 만들어라. 은행에서 대출받은 것, 개인적으로 갚아야 할 빚 등을 모두 갚아 제로 상태에서 퇴직 생활을 출발하라. 돈을 빌린 채무자는 빚쟁이가 되어 채권자에게 종속되기 쉽다. 퇴직해 제2의 인생을 사는 첫 출발을 빚을 떠안은 채 빚쟁이로 출발해서는 안 된다. 나의 경우에도 퇴직금으로 집을 사기 위해 은행에서 받았던 대출금부터 갚았다.

투자하기 위해 빚을 내는 사람들이 있는데 절대 그러지 말아야 한다. 아무리 눈앞에 좋은 투자처가 있어도 빚을 내면서까지 투자해서는 안 된다. 전문가들은 자기 자산의 30% 범위 내에서 투자하라고 조언하는데, 이런 조언도 믿지 않는 게 좋다. 앞서 말했듯이 어떤 투자든 투자하지 않는 게 돈 버는 일이다.

간혹 배우자에게 숨긴 빚이 드러나 부부 생활 파탄의 원인이 되는 경우도 있다. 배우자가 모르는 빚이 있다면 퇴직하면서 배우자에게 알리고 상환 계획을 세워 갚아 나가야 한다.

- ☐ 워라밸
- ☐ 투자, 주식 투자
- ☐ 퇴직금과 연금
- ☐ 연금 제도
- ☐ 상속과 증여
- ☐ 유형 자산, 무형 자산
- ☐ 부채

자식과의 관계를 잘 맺어라

• 니트족, 캥거루족, 프리터족

인생을 살면서 가장 풀기 어려운 난제 중의 하나가 바로 자식 문제일 것이다. 오죽하면 '무자식이 상팔자'라는 말이 있겠는가. 퇴직 후 자식 문제는 다른 문제와는 좀 성격이 다르다. 피가 섞인 혈연이고 이미 장성했기 때문이다.

자연의 이치는 성체가 된 새끼는 부모를 떠난다. 하나의 완전한 개체로 부모와는 별개의 삶을 살아간다. 크고 작은 동식물 모두 이 자연의 이치를 거슬리지 않는다. 그러나 인간은 좀 다르다. 성장한 자녀가 제 앞길을 알아서 잘 헤쳐 나간다면 문제가 없다. 그런데 이런 자식은 많지 않다. 여기서부터 퇴직자는 자녀와 올바른 관계 맺음이 중요해진다.

요즘 신조어 가운데 니트족, 캥거루족, 프리터족이라는 말이 있다. 니트는 'Not in Education, Employment or Training'의 약자로 진학이나 취직을 하지 않으면서 구직활동도 하지 않는 사람들이다. 주로 부모에 기생해 생활하며, 돈이 필요한 경우 1-2일 간 아르바이트를 하기도 한다. 고학력자 가운데 니트족에 해당하는 청년 비율이 우리나라의 경우 42.5%로 OECD 국가 중 가장 높다.(참고로 일본 21.7%, 미국 17.7%, 스위스 11.5%, 독일 7.7%)

캥거루족은 대학 졸업 후 경제 활동 없이 부모 밑에서 사는 청년들을 말한다. 캥거루 새끼가 캥거루 어미 주머니 속에 있는 것과 같다는 데서 온 말이다. 대학 졸업 후에는 일반적으로 취업하여 경제적으로 독립해야 하는데, 취업을 하지 못하거나 취업할 의사가 없는 청년들이 여전히 부모의 도움을 받아 생활하기 때문에 캥거루족이 된다.

프리터족은 자유롭다는 의미의 'free(프리)'와 임시직을 의미하는 'arbeit(아르바이트)'를 합성한 말로, 특정한 직업 없이 아르바이트로 생활하는 사람을 일컫는다. 이 말은 처음 1980년대 일본에서 특정 집단에 취직해 수직적인 구조에서 명령을 받으며 일하기를 거부하는 젊은이들이 정규직 일자리를 자발적으로 그만두는 경우를 일컫는 말이었으나, 현재는 취업을 못해 아르바이트를 생계 수단으로 삼고 있거나, 취업 준비를 하면서 어쩔 수 없이 아르바이트를 하는 사람들을 일컫는 말이 되었다.

2000년을 전후해 젊은 청년들의 취업 문제가 심각한 사회 문제로 떠올랐는데, 이는 비단 우리나라만의 문제가 아니다. 비유하는 용어만 다를 뿐 가까운 일본을 포함하여, 미국, 영국 등 유럽에서도 비슷한 문제가 존재한다. 아르바이트족 증가는 사회 문제가 되기도 한다. 단순노동을 하는 경우가 대부분이기 때문에 급여 인상률이 높지 않아 빈곤층으로 전락할 위험마저 크다. 청년 일자리 창출 등 정부도 청년 일자리 고용을 위해 노력하고 있지만 해결이 쉽지 않은 상태다.

이러한 상황에서 자식 문제를 고스란히 떠안는 게 부모이다. 자녀의 일자리가 불안정하니 수입이 적고, 그 나머지 부분을 부모가 메꿔 줘야 한다. 그런 경제적 지원뿐만 아니라 하루 세끼 밥 먹는 것부터 모든 일을 뒷바라지해야 하니, 갈수록 연로해지는 몸에 부모로서는 힘이 부친다. 결국 자식의 부모 의존도가 지나치게 높고, 지금은 고령화 사회가 더욱 깊어지면서 이제 늙은 자식을 더 늙은 부모가 받들어 모시는 사회가 되어 가고 있다.

• 부모는 자식의 지원자

앞에서도 말했듯 자녀가 성인(만 20세)이 된 이상 부모는 어디까지나 자녀의 서포터(지원자)가 되어야 한다. 자녀가 미성년자라면 부모는 모든 면에서 책임질 필요가 있다. 일상생활의 문제뿐만 아니라 법적 윤리적 경제적 책임을 소홀히 해서는 안 된다. 그러나 자녀가 만 20세가 넘었다면(원래는 만 20세인데, 나는 이 책에서 대학 졸업까지를 부모가 뒷바라지해야 할 상한선으로 두었다), 이제 부모는 지원자로서의 역할을 해야 하다.

지원자란 무엇인가? 자녀가 어떤 사안을 요청해을 때 그 사안을 검토해서 도와줄 수 있으면 도와주고, 그렇지 못하다면 거절하는 것이다. 이는 돈 문제뿐만 아니라 육아 문제 재산 문제 등 모든 문제에 적용되어야 할 원칙이다. 이 점을 분명히 해야 한다. 그렇지 못하면 평생 자식 때문에 속을 끓이고, 부모와 자식 간, 자식과 자식 간의 분란을 초래하게 된다.

자식과의 관계가 잘 정리되기 위해서 퇴직 후 부모는 지원자로서의 역할을 분명히 하는 것도 중요하지만, 평소 어려서부터 자녀 교육에 신경을 써야 한다.

〈왜 나한테만 그래?〉

신지영(중1)

내 이름은 시도 때도 없이 불린다
내가 앉아 있으면

"지영아"

부르신다

그 일을 한 뒤 앉자마자 또

"지영아"

왜 나만 부르냐고 물어보면

오빠는 공부해야 한다고 한다

이러다 내 이름이 닳을 것 같다

발바닥에 불이 날 듯 움직인다

조금 쉬려고 눕는 순간

"지영아"

왜 나한테만 그래?

　왜 나한테만 그러냐고? 오빠는 공부해야 하니까. 식탁에서도 맛
있는 것은 오빠 먼저, 좋은 옷도 오빠 먼저, 용돈도 오빠는 더 많
이 더 자주. 일반적인 우리나라 가정에서의 남녀 차별 모습이다.
아직도 모든 것이 아들 중심으로 돌아간다. 성차별은 우리 사회
곳곳에 배어 있다. 우리 사회의 모순이 집약되어 있는 곳이 바로
가정이다.

우리나라는 유교권에 속하는 나라로 예부터 남아선호사상이 뿌리 깊었다. 특히 조선조 봉건시대를 거치면서 여성은 노동과 출산 육아를 담당하는 노예에 다름없었다. 여성의 신분은 집에서 아무 발언권이 없었고 상속권도 없었다. 오로지 노동과 출산 육아, 남성의 성적 만족을 위한 존재에서 벗어나지 못했다.

지금은 많이 달라졌지만, 그러나 아직도 이러한 폐습은 끊이지 않는다. 딸보다는 아들, 아들 중에서도 장남에 대한 인식이 생활 곳곳에 배어 있다.

가정은 우리 사회의 모순 구조가 가장 집약적으로 드러나는 곳이다. 남녀 차별, 폭력 문화, 분단의식 등이 가장 적나라하게 피부에 닿게 드러나는 곳이 가정이다. 학교와 군대도 그렇다.

• 자식 보기를 돌같이 하라

우리 사회에서 부모의 지나친 자식 사랑은 부모 자식 관계에 파탄을 불러온다. 독립심과 자립심이 부족한 자식은 장성한 후에도 부모에게 의존하게 되고, 이러한 관계는 결국 가족 간 불화와 파탄을 불러온다. 퇴직 후 자식에 대한 맹목적인 사랑이 잘못되어 쪽박 차는 사람들도 많다. 끝도 없이 이어지는 자녀 교육이나(대학 졸업 후 취직을 못 하거나 안 하면서 대학원 진학, 대학원 마친 후 외국 유학 등), 결혼과 사업 자금 마련에 가진 돈을 다 쏟아붓는다. 집을 사 주거나 얻어 주고, 직장 다니다 그만두면 하숙집인 듯 부모한테 와 의지한다.

늙은 부모가 자식을 상전처럼 떠받든다. 그러다 보니 자식의 부모 의존도가 세계에서 가장 높다. 2022년 여성부의 청소년 의식 조사에 따르면 우리나라 청소년들의 93%가 대학 학자금은 부모가 책임져야 한다고 믿고 있다. 또 87%가 결혼 비용을 부모가 책임져야 한다고 생각하고, 74%는 결혼할 때 부모가 집을 사 주거나 전세 자금을 줘야 한다고 생각한다. 자녀 용돈을 부모가 책임져야 한다는 청소년도 76%에 달했다.

이런 의식을 갖고 자란 사람이 대학 졸업 후 니트족이 되거나 캥거루족이 되는 것은 어쩌면 당연하지 않은가? 호갱 같은 부모가 뒤에서 받쳐 주고 있는데, 힘든 생활 전선에 나가 굳이 돈을 벌려고 하겠는가? 이쯤 되면 자식은 퇴직자의 노후 생활에 가장 큰 적이 되는 셈이다.

우스갯소리에 이런 말이 있다. 딸 둘이면 금메달, 딸 둘에 아들 하나면 은메달, 딸 하나에 아들 하나면 동메달, 아들만 둘이면 목메달. 딸 둘이면 비행기를 타고 아들 둘이면 폐지 줍는다. 여기서 목메달은 나무 목木일 수도 있겠고, 목메달을 목을 매단다의 의미로 읽을 수도 있겠다. 아무튼 자식들이 장성했을 때를 두고 하는 말이다. 재산 분배나 사업 자금, 결혼 자금 등을 대줄 때 부모가 공평하게 하지 않으면 자식 간에 분쟁이 발생해 집안이 전쟁터로 변한다는 것이다.

사업 자금을 마련해 주기 위해 부모 명의로 되어 있는 집을 담보로 대출을 받았다가 연체에 몰려 경매에 넘어가는 일이나, 꽁꽁 묶어 둔 예적금을 자식들의 성화에 못 이겨 털어 주었다가 자식 사업이 망하는 바람에 거리에 나앉게 되는 경우가 속출하고 있다. 퇴직자들이 자식들로부터 노후 자금을 지키기 위한 방법으로 연금을 선택하는데, 갈수록 연금 선택 비중이 늘고 있다.

자식 보기를 돌같이 해야 한다. 그동안 그릇된 자식 사랑 문화가 일시에 개선되기는 어렵겠지만, 퇴직자들은 자식과의 관계를 잘 맺어 나가야 한다. 그러기 위해 부모가 자식에 대해 모든 것을 책임지는 것이 아니라 사안에 따라 지원자, 서포터로서의 역할을 분명히 해야 한다.

먼저 자식에게 뭔가를 물려줄 생각을 하지 마라. 집을 사 준다든가, 사업 자금을 대준다든가, 결혼 자금으로 얼마가 필요하다든가 이런 생각을 버려라. 부모로서 그 정도는 해 줘야 하지 않나 하는 생각을 버려라. 그건 그 애들의 일이다. 도와줄 수 있으면 도와주면 되고, 그렇지 못하면 못하는 것이다. 이것이 바로 자식에 대한 부모의 지원자로서의 자세이다.

자식이 원하는 것을 해 주지 못한다고 미안해하거나 죄책감을 가질 필요가 없다. 주위에 보면 이런 그릇된 심리에 사로잡혀 괴로워하는 사람을 많이 본다. 심지어 부모에게 대들어 당신이 나에게 해 준 것이 뭐가 있냐며 불화를 일으킨다. 이쯤 되면 부모는 자식과 전쟁을 치러야 한다. 그러나 부모로서의 일차적인 책임은 자식을 성인이 되도록 키웠으면 그것으로 할 일을 다한 것이다. 그 뒤의 문제는 자식 스스로 알아서 할 일이지, 부모에게 손 벌릴 일이 결코 아니다.

• 어려서부터 자식을 잘 키워라

자식을 제대로 키우려면 어려서부터 자식에게 독립심을 불어 넣어줘야 한다. 귀엽다 귀엽다 애지중지 키우다 보면, 살아가는 데 필요한 힘인 독립심과 책임감, 자율성을 기를 수 없게 된다. 사람에겐 생명 다음으로 중요한 것이 자율성이다. 자율성이란 외부의 강압과 제약을 이기고 자기 삶을 주도적으로 살아가는 것을 말한다. 곧 누구의 힘이나 요구, 사상이나 이념 심지어 종교에조차 매이지 않고 자기 삶을 오롯이 자신의 자유 의지에 따라 사는 것을 말한다. 덴마크의 철학자 키에르케고르는 이러한 사람을 '단독자單獨子'라고 했는데, 이는 신 앞에서마저 '홀로 존재하는 사람'이라는 뜻으로, 자율성을 실현하는 사람을 말한다.

자율성은 책임감과 독립성을 바탕으로 한다. 베어 하트라는 사람이 있다. 이 사람은 미국 오클라호마주 인디언 출신으로 심리학자이자 아메리카 원주민 교회의 전도사였다. 베어 하트는 『인생과 자연을 바라보는 인디언의 지혜』라는 책을 썼는데, 그는 이 책에서 아메리카 인디언이 명상을 통해 자연과 하나가 되는 수행 과정을 보여 준다. 그 책에 나오는 이야기이다.

> "내가 여덟 살 때 아버지는 마차와 쟁기에 말 묶는 법을 알려 주셨다. 그리고 내가 열 살 때에는 8평방 킬로미터의 땅을 주면서 이렇게 말씀하셨다. 기르고 싶은 게 있으면 기르거라. 기르고 싶은 게 없으면 그냥 두어라. 토끼들이 와서 풀을 먹을 수도 있다. 그러면 토끼를 잡아서 먹을 것을 마련할 수도 있다. 네가 알아서 하거라."

네가 알아서 하는 것, 이것이 자율성이다. 이 말 속에는 말하는 이의 상대에 대한 무한한 신뢰가 들어 있다. 이제 너도 그만한 일에 대해 스스로 판단하고 일할 능력이 있으니 네 일은 네가 알아서 하라는 것이다. 물론 잘못되더라도 그에 대한 책임은 너에게 있다는 것이다.

자율성은 내적인 동기 부여를 통해 길러진다. 그 일이 즐겁고, 의미가 있고, 성장에 도움을 주는 것이어야 한다. 즐겁다는 것은 하고 싶어서 하는 것이고, 의미가 있다는 것은 개인적이든 사회적이든 그 일이 어떤 뜻을 갖는다는 것이며, 성장에 도움을 준다는 것은 전인적 인간으로 성장하는 데 거쳐야 할 단계를 거친다는 것이다.

자식이 독립적으로 성장하기 위해서는 어려서부터 되면 되고 안 되면 안 된다는 것을 확실히 가르쳐야 한다. 세상에는 여러 가지 일이 있다. 그리고 그 일을 대하는 개인의 능력이 있다. 개인의 능력은 사람마다 다르다. 떼쓴다고 안 되는 일을 되게 해서는 안 된다. 아이를 너무 귀여워하다 보면 부모가 아이에게 지는 경우가 많다. 어린아이들은 자기 욕구를 관철하기 위해 떼를 쓴다. 그러면 대부분 부모들은 아이의 떼에 지고 만다. 그리고 그것이 계속 누적되어 생활화 되면 부모는 어느덧 아이의 호갱이 된다.

자식과의 관계를 잘 해나가려면 평소 자식을 대하는 말투가 유아적이지 않아야 한다. 귀엽고 사랑스러워 하는 베이비 토크는 어렸을 때로 끝나야 한다. 가장 대표적인 것이 '아들'이라는 말이다. 자식이 장성해 나이가 2-30이 넘었는데도, 걸핏하면 우리 아들이다. 아들 왔니? 우리 아들 뭐 먹을래? 우리 딸도 마찬가지이다. 아들이니 딸이니 내 자식이니, 이런 호칭은 성인이 된 자녀에게는 쓰지 말아야 한다. 그보다는 이름을 불러 줘야 한다. 모든 일을 하는데 자식이 성인이면 그 나이에 맞게 어른으로 대접해 주어야 한다. 감정 표현도 칭찬도 나무람도 그러하다. 인왕산만 한 덩치 큰 자식을 다섯 살 먹은 어린애처럼 대해서는 안 된다.

경쟁과 폭력 문화가 아닌 협력과 평화의 문화 속에서 아이가 자라야 한다. 그러기 위해서는 가정과 학교가 평화롭고 협력적이어야 한다. 부모와 교사가 경쟁적이고 폭력적이면 그 안에서 자라는 아이는 부모의 가치관을 그대로 닮을 수밖에 없다. 그리고 그 가치관은 대물림되어 그 아이는 장성한 이후에도 그런 가치관을 갖게 된다. 경쟁과 폭력 속에서 자란 아이가 늙은 부모의 처지를 이해하려 하겠는가? 어떻게 해서든 부모의 노후 자금을 뜯어 내려고 하고, 부모에게 기대는 생활을 할 것이다.

자식을 키울 때 생명을 존중하는 기회를 많이 가져야 한다. 생명 존중 기회는 자연과의 접촉을 통해 기를 수 있다. 자연에는 사람만이 아닌 무수한 생명이 있다. 사람보다 크고 힘이 센 생명도 있지만 작고 연약한 생명도 많다. 이들과의 접촉을 통해 모든 생명의 가치는 동일하며 소중하다는 것을 느끼도록 해야 한다. 그런 가운데 생명에 대한 연민 의식을 가져 삶의 바탕에 놓이게 해야 한다.

자식과 평생 원수가 되어 지낼 것인가, 아니면 합리적인 관계 위에서 잘 지낼 것인가는 부모가 어떻게 하느냐에 달려 있다. 어려서 자식을 너무 귀엽게만 기르지 마라. 자식에게 독립성, 책임감, 자율성, 협력과 평화, 생명 존중을 느끼게 하라. 자녀가 성인이 되었으면 그때부터 부모는 자식의 지원자임을 분명히 밝히고 평생을 그렇게 실천해야 한다.

핵심어 따라가기

- 제시된 핵심어를 읽고 묵상하기

- 🔲 니트족, 캥거루족, 프리티족
- 🔲 부모는 자식의 지원자
- 🔲 자식 보기를 돌같이 하라
- 🔲 자율성
- 🔲 베이비 토크
- 🔲 경쟁과 폭력문화

자식과의 관계를 잘 맺어라

공부하라, 마음 공부와 명상을 하라

흔히 공부는 평생 해야 한다고 한다. 맞는 말이다. 살아 있다는 것은 배움의 연속이며 배우지 않고서는 살아갈 수 없다. 백세가 넘은 노인은 그에 맞게, 팔십이 넘은 노인은 역시 그에 맞게 무엇인가를 배운다. 배우면서 살고 살면서 배운다.

퇴직자에게 공부란 돈을 벌기 위한 공부만을 의미하는 것이 아니다. 물론 그야말로 돈을 벌기 위해 공부를 할 경우도 있다. 퇴직 후 재취업하기 위해 새로운 분야의 자격증을 따야 한다든지, 기술을 익혀야 한다면 당연히 학원이나 인터넷 강의를 들으면서 공부해야 한다.

• 유용한 공부와 무용한 공부
그동안 우리가 흔히 말하는 공부란 돈을 벌기 위한 공부였다. 학교에서 하는 공부도 마찬가지다. 학교 공부를 잘해야 좋은 대학에 가고 좋은 직장에 취직하여 등등. 이런 공부는 말 그대로 유용한 공부다. 재테크를 하기 위해 주식 투자를 하기 위해 그 방면의 공부를 하는 것도 마찬가지이다. 정답이 있는 공부이자 돈을 버는 게 목표인 세속적인 공부이다.

퇴직 후 하는 공부는 돈 버는 데에만 목적이 있는 것이 아니다. 퇴직자에게 공부는 돈을 벌기 위한 공부 그 이상의 공부가 되어야 한다. 자기 삶을 비춰 주는 등대의 불빛과 같다고 할까? 세속적으로는 무용하지만 자기 삶에 위로를 주고 방향을 잡아 주는 그런 공부다. 세속적인 공부에는 문제가 있고 정답이 있다. 시험을 잘 본다는 것은 정답을 잘 찾아내 일정 기준에 들어 시험에 합격하는 것을 말한다. 그러기 위해 컨닝 페이퍼도 만들고, 모의 답안을 작성해 돌리기도 한다.

그러나 퇴직자의 공부는 특별한 목적 없이 그냥 하는 공부이다. 일상에서 하나의 루틴으로 그 시간이 되면 그 자리에 앉아 하는 공부. 오늘 못해도 좋으나 결코 거르지 않는 공부. 시험 점수나 어떤 결과로 측정되는 공부가 아닌 내적 충만을 가져다주는 공부. 경쟁하여 등수에 의해 상대를 이겨야만 하는 공부가 아닌 자신과의 약속을 실천하기 위해 하는 공부. 그것이 책을 통해서든, 저녁나절 산책을 통해서든, 명상을 통해서든, 깊은 사색과 탐구를 통해서든 인생의 길을 밝혀 주는 공부이다.

• 나의 공부

인생도 아는 만큼 보인다. 모르면 안 보인다. 지식은 인생을 영리하게 살게 하고, 지혜는 인생을 편안하게 살게 한다. 공부를 하려면 성실해야 한다. 성실이란 자기 자신을 책임지는 일이다. 퇴직 후 공부를 안 한다고 나무랄 사람은 없다. 그런 만큼 퇴직 후의 공부는 자기가 좋아서 자기 스스로 하는 것이다.

그냥 하는 공부. 결과와는 상관없이 스스로 하는 공부. 시험 합격 같은 목표가 뚜렷하지 않지만 자기 인생을 변하게 하는 공부. 그런 무용의 공부를 퇴직 이후에 해야 한다.

나는 두 가지 공부를 계속하고 있다. 하나는 영어, 하나는 한문이다. 영어는 인터넷 서점에서 구입한 초급용 원서를 읽는다. 17세기 세계사 이야기를 쓴 책이다. 이 책과 영어로 된 성서를 읽고 또 읽는다. 두 권의 책을 반복해서 읽는다. 모르는 단어를 찾고, 행간에 숨겨진 지혜와 마주할 때는 깊이 생각에 잠긴다. 지금까지 같은 책을 서너 번 읽었다.

한문은 『고문진보』를 중심으로 『채근담』 같은 책들을 곁들여 읽는다. 한문 공부는 눈으로만 읽는 게 아니라 손으로 필사한다. 지금까지 『고문진보』는 세 번 필사했다. 글씨는 정자체로 또박또박 쓰는데, 그러다 보니 쓰기 헷갈렸던 한자를 정확히 쓸 수 있게 되었다. 또 기억력이 흐려져 무슨 글자인지 읽기는 하는데 쓰지 못했던 글자를 쓸 수 있게 되었다.

그러나 실력은 아주 미미한 편이다. 이미 여러 번 필사했던 문장도 다시 만나면 처음 보는 것 같아 헤맬 때가 많다. 한문 같은 경우 더 집중해서 공부하여 문리를 깨치고 싶기도 하나, 일부러 지금처럼 어섯눈을 뜬 상태에 만족한다. 이는 영어도 마찬가지이다. 좀 더 시간을 들여 공부하고 싶을 때도 있지만 지금 수준에서 만족하려 한다. 너무 깊게, 너무 많이, 너무 심오하게 아는 것도 퇴직자의 공부에는 좋지 않기 때문이다.

• 마음 공부 – 주의력

공부 가운데 제일 중요한 공부는 마음 공부이다. 퇴직자는 마음 공부에 힘을 기울여야 한다. 마음 공부는 자기 마음의 변화를 놓치지 않는 일이다. 구름이 일었다 흩어지는 하늘을 바라보는 것과 같다. 그러기 위해서는 평소 '주의력'을 길러야 한다.

주의력은 깨어 있음이다. 깨어 있다는 것은 주변의 상황과 자신의 내면에서 일어나는 일을 인식하고 있다는 것이다. 깨어 있음은 레이저처럼 국부적인 곳에 집중하는 것과, 태양의 빛처럼 두루 멀리까지 인식의 시선이 닿는 것을 말한다.

마음은 채소밭으로 달려가는 소와 같아서 고삐를 놓으면 안 된다. 그 고삐를 놓지 않는 것이 마음 공부다. 퇴직자가 마음 공부를 열심히 해야 하는 이유는 사람은 나이가 들면 몸에 변화가 오게 된다. 이른바 노화라는 것인데 이 노화의 작용에서 자유로운 사람은 아무도 없다. 노화는 만물의 이치 가운데 하나이다. 기계든 인간이든 동식물이든 오래 쓰다 보면 고장나게 마련이고 그러면 수리해서 써야 한다. 이럴 때 마음 공부가 안 되어 있으면 질병의 스트레스에 휘둘리게 되어 심하게 짜증을 내거나 절망하게 된다.

퇴직자가 마음 공부를 해야 하는 두 번째 이유는 홀로 있는 힘을 기르기 위해서다. 인간의 기본값은 홀로이다. 노년기란 원래 혼자였던 인간의 기본값을 찾아가는 여정일지도 모른다. 자식은 장성하여 집을 떠나고, 빈 둥지엔 노부부만 남는다. 배우자의 사망이나 이혼 등으로 혼자 남을 수도 있다. 혹 그렇지 않고 같이 산다 해도, 노년의 시간은 갈수록 외로움이 더해지는 시간이다. 마음 공부는 이러한 상황에서 혼자 있을 수 있는 힘을 길러 준다.

감정을 잘 다스리기 위해서도 마음 공부가 필요하다. 감정 중에서도 특히 분노 감정을 잘 다스려야 한다. 분노 감정은 휘발성이 강해 순식간에 자신뿐만 아니라 주위의 것들을 태워 버린다. 분노의 불길이 휩쓸고 간 재만 남은 황량한 들판에서 아무리 후회해도 이미 늦다. 그리고 스트레스 관리에도 마음 공부가 필요하다. 스트레스에 너무 예민하게 반응할 경우 자기 자신은 물론 주위 사람을 힘들게 한다.

이른바 '꼰대'가 되지 않기 위해서도 마음 공부가 필요하다. 꼰대는 공감 능력이 낮은 데서 온다. 쌍방 소통이 아닌 일방적 독주에서 온다. 상대를 대할 때 몸만 안으면 포옹이지만 마음까지 안으면 포용이 된다. 꼰대 탈출은 상대방의 마음까지 헤아리는 포용이 될 때 가능하다.

우리 사회의 주류적 가치는 '더(플러스)'이다. 더 많이, 더 높이, 더 좋은, 더 예쁜, 더 크게 등이 주류적 가치이다. 이것은 물론 피말리는 경쟁을 바탕으로 이루어진다. 그러나 사람은 이 주류적 가치에 매몰되어서는 살아갈 수 없다. 어느 순간 어느 계기에 의해 '더'의 한계를 깨닫고, '덜(마이너스)'의 가치로 전환할 때가 온다. 교통사고로 크게 다쳤다든가 죽을병에 걸려 고생했다든가 이럴 때 인생을 보는 가치관이 바뀔 수 있다. 그럴 때 가치관의 전환을 촉진하는 것도 마음 공부를 통해서다.

• 마음 공부는 명상을 통해 이루어진다

마음 공부는 명상을 통해 이루어진다. 심리학에 대한 공부도 물론 도움이 되지만 명상이 그 일을 도와준다. 명상은 들뜬 마음을 차

분히 가라앉히고 고요하게 하는 것이다. 명상의 즐거움은 고요함
에서 온다. 명상을 통해 우리는 세상은 소음만으로 이루진 게 아니
고 고요함을 바탕으로 이루어졌음을 배운다.

• 명상

명상을 우리는 종교적 행위로 생각하기 쉽다. 아마 종교 단체에서
마음 수련으로 명상을 하는 경우가 많기 때문일 것이다. 그러나 명상
은 종교적이긴 하지만, 종교와 아무 관련 없이 저마다 할 수 있다.

명상은 특별한 장소, 특별한 시간에 하는 것이 아니다. 일상생활
에서도 얼마든지 할 수 있다. 나는 명상을 집에서도 하고 산에 가
서도 한다. 장소는 어느 곳이든 조용한 곳이면 되고, 특별한 자세를
취하지도 않는다. 가장 편한 자세로 앉아 10분에서 20분 정도 한
다. 나는 딱한 의자보다는 푹신한 소파를 선호한다. 걸으면서도 하
고 버스 안에서도 하고, 잠들기 전 요 위에 누워서도 한다. 말하자
면 언제 어느 곳에서든 한다.

〈명상〉

명상을 하려고
조용한 곳을 찾아 앉았다

눈을 감자
스멀스멀 올라오는 끝없는 생각

아 내가 이렇게 복잡한 존재였던가
내가 이렇게 지저분한 생각 뭉치였던가

맑은 옹달샘이 되려다
장마철 흙탕물이 되고 말았다

　초보자가 명상을 하다 보면 온갖 잡생각이 떠오른다. 그 잡생각과 싸우려 들지 마라. 싸우면 싸울수록 잡생각이 밀려들고 급기야 명상을 포기하게 된다. 그때는 찾아드는 잡생각 하나하나에 휘둘리지 말고, 의식적으로 잡생각을 붙잡아 놓고, 고마워 날 찾아주어서, 하지만 지금은 아니야 다음에 다시 와, 이런 식으로 잡생각을 타일러 슬그머니 옆으로 밀어 놓는다. 마치 샘물을 마시려는데 그 위에 먼지가 떠 있을 때 손으로 물 표면을 살살 쓸어 먼지를 옆으로 치워 놓는 것처럼 말이다.

　명상이 제대로 이루어지면 서늘하고, 차분하고, 평화로운 기분을 느낀다. 명상을 시작할 때 호흡을 주시하는 것도 중요하다. 내쉬는 숨과 들이쉬는 숨 하나하나를 의식하는 것도 좋다. 잡생각과 싸우지 않고, 떠오르는 잡생각을 하나하나 먼지 쓸 듯 옆으로 쓸어 치우면, 어느 순간 자기 자신마저도 의식되지 않는 때가 온다. 시인 T.S. 엘리엇은 "음악을 아주 깊이 듣다 보면 그것은 전혀 듣는 것이 아니다. 음악이 지속되는 동안 당신은 음악이 된다."라고 했는데, 명상도 그러하다. 그렇게 호흡을 낮추고 느리게 쉬면서 명상을 하다 보면 잡생각은 어느덧 사라지고 맑고 고요한 세계 속에 어느덧 자신이 있게 된다.

명상은 마음의 요동침을 가라앉히고 마음속 끝없는 욕구의 충돌을 멈추게 한다. 일상에서 명상을 계속하면 고요한 품성이 몸에 배게 되고, 세속적 가치를 덜 추구하며, 희노애락의 감정에 즉각적으로 반응하지 않게 된다. 세상과 인생을 바라보는 폭이 깊고 넓어지며, 나름대로 사물을 바라보는 안목이 생겨, 생활의 여유를 얻게 된다.

마음 공부는 일상에서의 만족을 가져다준다. 만족은 지금 자기에게 있는 것, 지금 자기가 가진 것에 눈을 두는 것이다. 지금 자기에게 없는 것, 다른 사람이 가진 것에 눈을 두면 만족할 수 없다. 쌀 99섬을 가진 사람이 100섬을 못 가져서 한 섬 가진 사람한테 달라고 했다는 이야기가 있다. 이 사람은 아무리 많은 쌀을 가지고 있어도 평생 불만족 속에 살게 된다. 불만족은 불평을 낳고 자신의 처지를 비관해 주위 사람을 긴장시킨다.

반면에 쌀 한 섬 가진 사람이 그 자체에 만족한다면, 그 사람은 인생을 행복하게 살게 된다. 왜냐면 만족은 기쁨을 낳고 기쁨은 감사하는 마음을 불러와 행복의 문을 열기 때문이다.

퇴직자의 공부는 점수가 아닌 '변화'를 목적으로 해야 한다. 오랜만에 친구를 만났다면 그동안 공부해서 달라진 모습을 서로 알아볼 수 있어야 한다. 공부해서 뭔가를 깨달았다면 자기 삶이 변해야 한다. 이 점이 돈을 벌기 위해 하는 세속적인 공부와 크게 다른 점이다. 퇴직자가 하는 공부의 최종 목표는 자기 자신의 변화다. 김수환 추기경이 한 말이다. 세상에서 가장 먼 길은 머리에서 가슴에 이르는 길이라고. 그것을 깨닫는 데 70 평생이 걸렸다고. 퇴직자의 공부란 이와 같아야 한다. 공부를 해서 그 사람의 격이 높아져야 한다. 그런 면에서 볼 때 퇴직자의 공부는 자기 수련이라 할 수 있다.

세상에 세월을 이기는 약은 없다. 사회는 갈수록 각박해지고 사람들의 신경은 날카로워져 서로가 서로에게 상처를 준다. 남에게 받는 상처가 있지만, 자신이 자신에게 주는 상처도 있다. 이런 전쟁 같은 상황에서 한 걸음 물러나 세상을 관조하고 마음의 흐름을 깨어 있는 주의력으로 자주 살필 필요가 있다. 그것이 세태에 휩쓸리지 않고 세상을 잘 살아 내는 길이다.

핵심어 따라가기
- 제시된 핵심어를 읽고 묵상하기

□   유용한 공부, 무용한 공부

□   주의력

□   플러스(더) 가치와 마이너스(덜)의 가치

□   명상

일을 하라, 목표의식을 가져라

인간의 수명이 빠르게 늘어나고 있다. 남녀 평균 수명이 80세를 넘었고, 90세 100세를 넘기는 사람들이 늘고 있다. 60세 퇴직 후 20년을 더 산다고 했을 때 퇴직 후 일상생활을 할 수 있는 시간은 11만 6천 8백 시간이다.

이미 퇴직했거나 퇴직을 앞둔 사람은 당연히 이 시간을 어떻게 보낼지 고민할 수밖에 없다. 그리고 이 고민 속에는 건강과 경제 활동에 필요한 돈(생활비) 이외에 과연 무엇을 하며 지낼 것인가가 포함된다.

퇴직 전에는 정해진 시스템 속에서 주어진 일을 열심히 하면 되었다. 주어진 일을 잘할수록 유능한 사람으로 평가되었다. 그러나 퇴직 후에는 자신이 해야 할 일을 스스로 찾아야 한다. 하루 24시간이라는 시스템을 본인이 스스로 돌려야 한다. 여행도 하루 이틀이고 친구 만나는 일도 잠깐이다. 일상은 지루하게 반복된다. 앞에 놓인 11만 6천 8백 시간이 누구에게는 견딜 수 없는 재앙이 될 수 있고, 누구에게는 축복이 될 수도 있다.

• 일

퇴직자는 무슨 일이든 해야 한다. 그것이 단순히 시간을 흘려보내기 위한 소일거리든 생활비를 벌기 위한 경제 활동이든 말이다. 스스로 원해서 일을 하든 어쩔 수 없이 하는 일이든 무엇인가를 해야 한다. 마냥 놀고먹을 수는 없기에 말이다. 일은 생활에 리듬과 활력을 가져다준다. 자신이 그 일을 할 수 있다는 사실을 통해 자기 존재를 확인할 수 있고, 그로 인해 얻는 만족감과 성취감은 다른 어떤 것으로도 맛보지 못할 것이다. 퇴직 전이나 퇴직 후 같은 분야에서 일을 하더라도 퇴직 후에 하는 일은 퇴직 전에 하던 일과 전혀 별개의 것으로 생각해야 한다. 예를 들어 학교에서 교사로 근무하다 퇴직하여 기간제 교사로 다시 학교에 나갈 경우, 퇴직 전 자신의 직함, 하던 일 등에 선을 분명히 긋고 새로 직장에 취직한 것처럼 일해야 한다는 말이다.

소일거리로 하는 일 중에 취미 생활이 있다. 악기를 배운다든가, 새로운 언어를 익힌다든가, 어떤 기술을 배우고, 크지 않은 땅(2백

평 이하)에 얼치기 농사를 지어 본다든가 하는 일이다. 무엇을 하든 취미 생활은 말 그대로 취미로 해야지, 그 일이 지나쳐 노동이 되어서는 안 된다. 노동은 취미와는 또 다른 문제이다.

내가 아는 사람 중 한 사람이 시골 밭에 밤나무를 심었다. 밭의 규모가 5백 평인데, 그 밭을 짓겠다는 사람이 없어 풀 나는 것 보기 싫다고 밤나무를 심은 것이다. 그런데 이 밤나무가 커서 밤이 열리게 되자 매년마다 예초기로 풀을 깎아 주었다. 밤을 주울 때 눈에 잘 띄게 하기 위함이었다. 해가 가면서 밤나무는 자라고 풀도 갈수록 우거지고, 그 밭의 풀을 베어야 하고. 결국 그는 그 일에 지쳐 나가떨어지고 말았다.

퇴직자는 사회에서 무슨 일을 하여 인정받고 싶다는 욕구가 있다. 그리고 그 일을 통해 경제적인 도움을 받을 수 있다면 더욱 그러하다. 대부분 퇴직자들은 생활비를 벌기 위해 일하기보다는 자아실현을 위해 일하고 싶어 한다. 퇴직자에게 자아실현이란 퇴직 전에는 여러 조건의 제약으로 하지 못했던 일을, 퇴직 후 자신이 하고 싶었던 일에 몰두함을 말한다.

• 재취업
퇴직자들의 재취업은 청소, 건물 관리, 경비, 주차 요원 등 임금이 낮고 권리가 보장되지 않는 곳이 대부분이다. 그러다 보니 이직이 잦고, 근무 연수가 축적되지 않아 법적인 권리를 보장받지 못한다. 원래의 직장에 파트 타임제나 계약 사원으로 일하기도 하지만 사정은 거의 비슷하다.

• 창업

퇴직자들은 자신이 가지고 있는 지식과 노하우를 살리고 싶어서, 좋아하는 일을 추구하고 싶어서, 사회에 공헌하고 싶어서, 등의 이유로 창업을 하는 경우가 많다. 반드시 이익 창출을 해야 한다는 젊은층과는 달리, 퇴직자들의 창업은 손해 보지 않는 범위 내에서 보람 있는 일을 하고 싶다는 동기가 더 강하다. 해가 갈수록 60세 이상 고령자 창업이 늘고 있는데, 이는 우리나라 베이비 부머 세대들의 동시 다발적인 퇴직과도 관련이 깊다.

정년이 없다는 말보다 근로자의 귀를 번쩍 틔게 하는 말은 없을 것이다. 평생 현역으로 산다는 것은 얼마나 좋은 일인가? 퇴직자들이 창업을 하려는 것은, 본인의 힘으로 정년이 없는 사업장을 만들려고 하는 것이다.

그러나 퇴직자의 창업은 무리하게 빚을 내어 해서는 안 된다. 또한 동업도 조심해야 한다. 노년기에 한 번 사업에 실패하면 젊어서

와는 다르게 치명적이기 때문이다. 요즘에는 인터넷이 발달하고 여러 통신 기능이 발달해 자택에서 1인 기업 형태로 하는 작은 창업이 많다.

창업에 성공하려면 그 시대의 트렌드를 잘 읽어야 한다. 지금 우리 사회는 지난 3년 간 기승을 부린 코로나 전염병이 각 방면에 우리의 생활 문화를 바꾸고 있고, 앞으로도 경기 침체에 따른 스테그플레이션과 고물가가 지속될 것으로 보인다. 따라서 이런 시대의 트렌드는 1인 가구, 노년 가구, 반려동물 가구의 증가, 무인점포, 비대면 교육사업, 외식업, 건강 관련 사업, 공유 사업 등이 트렌드로 자리잡아 갈 것으로 보인다. 그렇다면 이 가운데 시대의 새로운 트렌드로 확대되어 가는 몇 가지를 살펴본다.

• 지금 시대의 트렌드

외식 사업은 이른바 먹거리 사업으로 예부터 사업 아이템의 주요 종목이다. 그런데 너도나도 외식 사업에 집중하다 보니 같은 음식 점포가 너무 밀집되는 현상이 나온다. 그러다 보면 점포 간의 경쟁은 치열해질 수밖에 없고, 결국 버티지 못하는 점포는 문을 닫아야 한다. 인테리어 업자만 좋게 되는 셈이다. 카페 식당 등을 운영하려면 늘어나는 1인 가구에 대해 참고할 필요가 있으며, 남들이 하지 않는 독특한 메뉴나 운영에 대한 역발상의 아이디어가 필요해 보인다.

공유 사업은 사무실이나 차량 독서실 세차장 값비싼 공구 같은 공간이나 사물을 공유하는 사업이다. 물건을 대여하는 사업과는 다른데, 넓은 건물의 공간을 두세 명이 함께 공유해서 같이 쓰는 형태를 말한다.

공유 사업과 관련하여 내가 예전부터 생각한 사업 하나를 소개한다. 어느 지역이든 퇴직한 교사들이 있고, 다른 직종의 전문가들이 있다. 바로 이 퇴직한 전문 역량을 활용해 그 지역민의 고민을 해결해 주는 일을 하자는 것이다. 예를 들어 지역의 퇴직한 글쓰기 강사(그 지역의 퇴직 국어교사나 문인), 자동차가 고장 났을 때 고칠 수 있는 카센타 사장님, 자동차 사고가 났을 때 도움을 받을 그 지역의 퇴직 보험회사 직원, 세금 문제를 상담할 수 있는 그 지역의 퇴직 세무사, 은행 관련 업무를 자문할 수 있는 지역의 퇴직 은행원, 그 지역의 의사, 약사…, 이런 식으로 지역민의 생활상의 문제를 상담하고 해결해 줄 수 있는 사람들이 어떤 조직체를 결성하여, 인터넷으로 회원을 모집하고 그 회원들에게 상담을 해 주고 수수료 또는 회비를 받는 것이다.

전국 어디든 전교조 퇴직 교사들이 있게 마련이고, 이들이 중심이 되어 지역에 있는 다른 분야의 전문 역량을 찾아내 모임을 만들고 인터넷 홈페이지를 만들어 지역 주민을 대상으로 홍보하면 된다. 가능하다면 꼭 수익을 내려 하지 않고, 지역민에게 봉사하는 차원에서 일을 할 수도 있다. 운영의 묘를 살려 요일별로 돌아가며 상담 내용을 달리할 수도 있다. 이렇게 하면 자연 참여하는 직종에 대한 지역민에게 홍보하는 효과도 따른다. 예를 들어 그 지역의 ○○ 카센타 사장님이 자동차 고장에 대해 상담을 해 준다면, 자연 그 카센타가 지역에서 소문이 날 것이고, 차가 고장 났을 때 사람들은 그 카센터를 이용할 것이다.

전교조 퇴직 교사들의 역량이 이런 식으로 지역에서 발휘되어야 한다. '생활상의 문제를 해결하는 ○○지역 협회' 이런 식의 모임을 만들어, 각 분야의 퇴직 전문가(꼭 퇴직 전문가이지 않아도 된다. 뜻을 같이 하는 사람이면 얼마든지 함께할 수 있다.)를 섭외해 모임을 만들고, 인터넷 홈피를 만들고, 회원을 모아 운영하면, 퇴직자는 자기가 갖고 있는 전문 역량을 발휘해서 좋고, 지역민은 어떤 문제에 대해 상세한 상담과 해결 방법을 찾아서 좋을 것이다.

무슨 일이든 일을 벌일 때는 세 가지를 염두에 두어야 한다. 전망, 자금, 실무력이다. 전망은 앞을 내다보면서 그 일과 관련하여 담론을 생산할 수 있는 통찰력으로, 트렌드를 읽는 힘과도 관련이 있다. 아무리 하고 싶은 일도 그 일에 대해 스스로의 담론을 형성해 내지 못하면 일에 대한 미래가 불투명해진다. 또 아무리 좋은 전망을 가진 일도 자금이 뒷받침되지 않으면 실행할 수 없다. 자금 마련하기 위해 과도하게 빚을 지거나 동업자를 끌어들여 하는 일은 매우 조심해야 한다. 실무력 역시 중요하다. 자신이 하려고 하는 일에 대한 실무를 꿰뚫고 있어야 하며, 실제로 어떤 일이 닥쳤을 때 스스로 그 일을 잘 해내야 한다. 실무력이 없으면 일의 흐름을 놓치게 되고 시간이 갈수록 갑갑함만 늘어난다.

• 잔가지는 모두 쳐내라

퇴직자는 무슨 일을 할 때 자기가 앞으로 지속적으로 해야 할 일 한두 가지만 남겨 두고 나머지는 모두 쳐 내는 것이 좋다. 일은 줄이면 줄어들고 만들면 늘어난다. 처음부터 일이 정해져 있는 것이 아니다. 줄이면 얼마든지 줄어들고 만들면 얼마든지 늘어난다. 약속도 마찬가지이다. 일을 줄이려면 대인관계를 줄여야 한다. 이 일 저 일 하는 일이 많으면 집중력도 떨어지고 좋은 성과도 내지 못한다. 일을 줄여라. 한두 가지 일에만 집중하라. 그래야 시간이 낭비되지 않는다. 그리고 단순하게 살아라. 퇴직 전 가졌던 관심사가 백 가지였다면, 퇴직 후엔 한두 가지로 줄여라. 인간관계도 그렇게 하라. 잔가지는 쳐 내고 꼭 필요한 것 한두 가지만 남겨놓아라. 그리고 그 일에 전념하라. 그 외 나머지는 모두 무시하라.

일을 줄일 때 고려해야 할 기준이 있다. 이 일을 내가 꼭 해야 하는가이다. 내가 하지 않아도, 다른 사람이 얼마든지 할 수 있는 일이라면 하지 말아야 한다. 그런 일에 계속 매달려 있으면 인생이 부패한다. 아무리 그 분야에서 인정받고 적임자로 일을 잘했더라도 내가 하지 않아도 될 일이라면 그 필드를 떠나야 한다. 특별히 할 일도 없는 터에, 이름을 남기고 싶은 명예욕이나 인정받고 싶은 인정 욕구가 조금이라도 있어 계속 그 일에 매달려 있으면, 일도 망치고 본인도 타락한다.

핵심어 따라가기

- ☐ 시스템
- ☐ 일
- ☐ 취미
- ☐ 재취업
- ☐ 창업
- ☐ 트렌드
- ☐ 공유 사업
- ☐ 전망, 자금, 실무력
- ☐ 잔가지는 모두 쳐 내라

자기 문화와 N잡

자기 문화는 단순한 취미와 다르다. 취미는 하고 싶은 일을 소일거리 삼아 하는 것이 대부분이다. 백화점이나 여러 사회기관에서 시간 여유가 있는 시민들을 대상으로 많은 취미 교실이 열린다. 취미는 사람마다 다양하다. 무슨 일이든 그 일에 재미를 붙여 꾸준히 하다 보면 어느 정도 전문적인 역량을 갖추기도 한다.

• 자기 문화

그러나 자기 문화는 다르다. 자기 문화는 자신이 자기 의지에 따라 하루 24시간을 조직하는 힘이다. 무엇을 하며 하루를 한 달을 또 일 년을 보낼지, 그런 가운데 자기 삶의 성취 목표가 무엇이고, 어떤 사람이 되고자 하는가, 어떤 일을 하고, 무엇을 우선순위에 두며, 누구를 만나고, 무엇에 시간과 에너지를 집중할 것인지를 자기 힘으로 조직하고 배치하는 일이 곧 자기 문화이다. 자기 문화는 그 사람의 삶이며 정체성이기도 하다.

대부분 퇴직자의 자기 문화는 자신이 좋아서 하는 일을 중심으로 형성된다. 텃밭 가꾸는 일이 좋아서 그 일에 전념하고 있다면 그 일을 중심으로, 컴퓨터를 이용해서 하는 일이라면 그 일을 중심으로, 글을 쓰는 작가라면 글 쓰는 일로, 봉사자는 사회 봉사 활동을 중심으로 자기 문화가 형성된다. 그러니까 자기 문화는 자기가 하는 '주된 일'을 중심으로 형성된다. 그 일을 중심으로 개인의 하루 일정, 약속과 만남, 여가 활동, 독서, 취미 활동, 종교 활동 등 일상의 활동이 배치된다.

이렇게 형성된 자기 문화는 그 사람을 외부의 어떤 것에 좀처럼 휩쓸리지 않게 해 준다. 칼 융에 의하면 노년의 목표는 자신의 영혼과 많은 교감을 갖는 데 있다고 한다. 여기서 영혼은 신이 머무는 인간의 내면을 뜻한다. 노년에 하는 종교 활동은 이 같은 교감을 이루어 주는 데 큰 힘이 된다.

• 자기 문화가 있는 사람

자기 문화가 있는 사람은 주변 사람의 말이나 사회 변화에 쉽게 흔들리지 않고, 인생을 풍요롭게 가꾸어 가기 때문에 늙는 일에 대해서도 크게 두려워하지 않는다. 빠르게 변하는 사회에서 자기 삶의 중심을 잘 잡고, 자기 문화 속에 형성된 '사는 힘'을 바탕으로 현명하게 잘 대처할 수 있다. 그러니까 자기 문화는 비유하자면 배의 닻과 같은 것이다. 끊임없이 일렁이는 바다에서 배가 표류하지 않도록 유지해 주는 것이 닻이다.

삶의 중심을 외부에 두게 되면 어떤 일(스트레스)이 있을 때마다 존재의 균열을 겪지 않을 수 없다. 노년이란 시기는 사업의 실패를 겪거나, 건강 악화, 인간관계에 문제가 생겨 상처를 받거나, 배우자와의 이혼이나 사별, 자식 문제 등으로 언제 무슨 일이 일어날지 모르는 시기이다. 그리고 그런 일을 겪게 되면 급속히 건강이 나빠지거나 삶의 의지가 무너져 다시 일어서기가 어렵게 된다. 이럴 때 평소 생활을 통해 형성된 자기 문화는 인생을 지혜롭게 보는 안목을 길러 스트레스에 대한 완충 역할을 해 준다.

• N잡

N잡이라는 말이 우리 주위에 맴돈 지도 오래되었다. 인공 지능, 자율주행, 기계의 노동력 대체, 경기 침체, 노동 시장의 아웃소싱 같은 일들이 진행되고 있는 4차 산업 혁명 시대에, 갈수록 정규직

일자리는 찾기 어려우며, 임금은 저임금화되어 낮아지고 있다. 다시 말해 기존의 노동 시장과 노동 환경은 다면화되어 쪼개지고 있고, 그런 환경에서 살아남기 위한 경제 활동이 N잡이라는 것이다.

N잡이라는 말은 어쩌면 평생 직장의 개념 자체가 사라지고, 그런 상황에서 더이상 회사가 내 인생을 책임져 주지 않을 거라는 현실 인식이 반영된 말이다. 날이 갈수록 높아만 가는 생활비와 주거비 마련, 미래의 노후 준비에 대한 불안 등에서 각자도생할 수밖에 없는 젊은 층의 비애가 담겨 있다고 할 수 있다.

따라서 퇴직자들이 N잡을 갖는 일은 젊은 세대들이 갖는 일과는 분명 다르다. 연금이 보장된 퇴직자의 경우 엄밀하게 말해 N잡이란 표현 자체가 가당치 않을 수도 있다. 그러나 연금 보장이 안 되거나 불충분한 퇴직자의 경우 역시 재취업이나 창업을 통해 생활비 마련을 해야 하기 때문에 N잡에 대해 고민하지 않을 수 없다.

• N잡은 덩굴 식물과 같다

N잡에 대한 설명을 『퇴직의 기술』이라는 책에서는 다음과 같이 하고 있다. 우선 N잡을 가진다고 했을 때 그 의미는 여러 가지 다른 직업을 갖는 것이 아니다. 예를 들어 낮에 택시 운전을 하고 밤에 편의점 알바를 한다면 그건 두 개의 직업을 뛰고 있는 것이다. 그러나 이렇게 일하다가는 6개월도 못 가 곧장 소진(번아웃)되어 나가

떨어질 수밖에 없다. N잡은 하루에 서로 다른 일을 여러 개 하는 것이 아니라, 자기가 갖는 하나의 핵심 콘텐츠에 집중하여 그 콘텐츠를 여러 방식으로 표현해 가면서 수익을 창출해 내는 것이다.

　비유하자면 N잡은 덩굴 식물이라 할 수 있다. 덩굴 식물은 담쟁이처럼 하나의 줄기에서 뻗어 나와 줄기가 닿은 곳마다 다른 뿌리를 내리며 뻗어 간다. 예를 들어 글 쓰는 작가가 있다면, 자신이 글 쓰는 일을 핵심 콘텐츠로 하여, 쓴 글을 책으로 출판하고, 그 결과를 바탕으로 강연을 하고, 신문이나 잡지에 서평을 쓰고, 인터넷에 홈페이지를 만들어 운영하고, 다른 SNS 쪽으로 활동을 넓혀 가는 것이다. 핵심 콘텐츠는 하나지만 덩굴 식물처럼 그 뿌리를 중심으로 인접 분야로 뻗어 나가면서 자기 영역을 넓히고 수익을 내는 것이다.

　수입을 얻는 구조도 당연히 예전과는 다르다. 예전엔 한 직장에 근무하면서 월급을 받아 생활했다면, N잡의 시대에는 다방면(예컨대 책이 팔리는 경우 인세, 강연료, SNS 활동이 잘 될 경우의 수입 등)에서 얻는 '쪼개진' 저소득에 의존하게 된다.

　N잡 활동을 하려면 가장 중요한 것이 자료의 축적이다. 무엇이든 기록으로 남겨야 한다. 앞서 말했듯이 한마디로 적자생존이다. 적는 자가 살아남는다는 말이다. 그래서 현대 사회에서 글쓰기의

중요성이 더 부각되는지도 모른다. 글, 사진, 영상 등 업로드할 자료가 없으면 덩굴 식물처럼 자기 콘텐츠를 확장해 나갈 수가 없다.

앞으로 우리 사회는 N잡 활동이 더욱 활발히 이루어질 것이다. '잡'이라는 말이 들어간 만큼 생계를 위한 직업 활동으로서 말이다. 그만큼 우리 사회는 각자의 삶을 각자가 책임져야 하는 비정한 사회가 되고 있음을 의미한다. 그리고 그것이 현실이 되고 있다.

퇴직자의 일상이 침체 되지 않고 활기차려면 자기 문화를 가져야 한다. 그 가운데 N잡에 대한 이해와 실천이 따라야 한다. 여러 번 말하고 있지만 중요한 것은 자기만의 핵심 콘텐츠를 갖는 일이다. 그 핵심 콘텐츠는 개인이 좋아서 하는 일이어야 하며, 또 누구보다도 잘 할 수 있고, 거기에 사회적인 의미까지 더해진다면 더욱 좋을 것이다.

- ☐ 자기 문화
- ☐ N잡
- ☐ N잡은 덩굴 식물과 같다
- ☐ 핵심 콘텐츠
- ☐ 자료 축적

5장 노년에 대한 이해

늙는다는 것

〈늙는다는 것〉

나이 들면서

세상을 방어하는 마음이 커진다

망설이고 재고 주춤대고

무슨 일을 하려다

지레 포기하고

그러면서 차츰 활동반경은 좁아지고

관계는 멀어져

이렇게 살아도 되나 싶지만

그래, 그렇게 살아야 한다
삶의 초점을 다시 맞춰야 한다
언제까지 바쁘게 들떠
생의 바깥을 겉돌 것인가

일은 만들면 생기고 줄이면 줄어드니
나이 들수록 이 가지 저 가지 과감하게 쳐내
성근 나무로
밤하늘 별빛을 안아야 한다

늙는다는 것. 이에 대해 우리는 있는 그대로 받아들일 필요가 있
다. 어떤 감정을 덧붙일 것도 없고 과장하거나 두려움을 가질 것도
아니다. 늙는다는 것은 그만큼 살았다는 것이고, 살다 보니 이제 늙
는 것이다. 인생과 자연 사이의 선순환으로 보면 좋을 것이다. 살
았으니 늙는 것이고, 늙었으니 병이 나고 그러다 죽는 것이다. 생애
의 한 순환이 그렇게 끝나고 또 그렇게 이어진다.

나이 들면 우선 몸이 예전 같지 않다. 사람마다 다르지만 이러한
징후는 일반적으로 40대부터 나타난다. 나의 경우는 눈이 침침하
고 머리칼이 쇠었으며(지금은 눈썹이 쇠고 있다) 책장을 넘기는데

손가락에 물기가 없어 잘 넘겨지지 않았다. 40대 초반의 일이다. 퇴직 전후로 사람들은 겉으로는 아무렇지 않게 생활하지만, 속으로는 어느새 인생의 속도를 줄일 궁리를 하고, 달리던 차선에서 빠져나갈 때를 생각한다. 전과 같은 속도로 달릴 수 없음을 직감으로 느끼고 전과 같은 삶의 무게를 짊어지고 버틸 수 없음을 실감한다. 이.모두가 몸이 예전 같지 않기 때문이다.

몸의 변화와 함께 또 하나 드는 생각은 이제 나의 시대는 끝나간다는 것이다. 나이 들수록 자기 삶의 영역이 좁아지고, 그에 따라 인간관계도 당연히 변한다. 예전만큼 어떤 분야에서의 자기 역할이 사라지고, 이제 나이든 초라한 노인으로 남는다. 그리고 이렇게 볼품없이 변해 가는 자기 자신을 받아들여야 한다.

자의식이 강한 사람일수록 이런 일에 마음의 갈등을 많이 겪는다. 그러면서 우울감이나 인생의 허무함에 깊이 빠진다. 그러나 나이 들면서 세상에 대한 자기 역할이 축소되거나 끝나는 것은 당연한 일이다. 그렇다고 인생의 허무함에 절망할 필요는 없다. 중요한 것은 이러한 노년의 변화를 어떤 태도로 맞을 것이냐 하는 것이다. 어떤 태도로 이러한 변화를 받아들이느냐에 따라 삶은 우울하고 허무해질 수도 있고, 오히려 마음의 충만감을 얻어 행복할 수도 있다.

감각의 쇠퇴

노년에 두드러지게 나타나는 현상으로 감각의 쇠퇴를 들 수 있다. 사람의 감각 기관은 나이가 들수록 기능이 떨어지며 그에 따라 몸의 각 부위도 약해진다. 여러 감각 기관의 쇠퇴 가운데 기억력 감퇴는 노년에 진행되는 뚜렷한 증상이다. 젊어서 잘했던 종이접기나 실로 옷을 뜨는 방법 등이 나이가 들면 구체적인 방법이 잘 생각나지 않는다. 완전히 손에 익은 일이라면 몰라도 기억에 의존하여 떠올리면 안 되는 경우가 많다. 그러다 또 어느 순간 갑자기 생각날 때도 있다. 기억이 뒤죽박죽된 것이다.

• 기억력 감퇴

기억력 감퇴 가운데 사람들이 흔히 겪는 일이 이름이 생각나지 않는 경우다. 오랜만에 만난 사람의 이름이 생각나지 않아 민망한 적이 있다. 옛날 어떤 모임에서 분명히 만났는데 이름이 기억나지 않는다. 심지어 가까이 지내는 사람의 이름이 갑자기 생각나지 않는 경우도 있다. 우리 속담에 망신당하려니 아버지 이름도 생각나지 않는다는 말이 있다. 사람 이름뿐만 아니라 건물 이름 거리 이름 등 고유명사를 잊고 있는 경우가 많다.

할 말이 생각나지 않는 때도 있다. 무슨 말을 막 하려다 갑자기 생각이 안 나 못하는 경우가 있다. 대화하는 도중에 이런 일이 발생하면 난처하기 마련이다. 또 하려는 말을 속으로 여러 번 되풀이 하느라 상대방의 말에 집중하지 못하는 때도 있다. 나이 들면서 말을 더듬는 경우도 많고 혼잣말을 중얼중얼 지껄이는 일도 많다.

할 일을 깜박 까먹는 경우도 있다. 우산을 가지고 나오는 일, 가스 불을 잠그는 일, 방의 창문을 닫는 일, 좋은 아이디어를 놓치거나, 제시간에 전화하는 일, 공과금을 기한 내 납부하는 일 등 생활에서 깜박하고 잊어 낭패를 보는 일이 많다. 어디에 물건을 두었는지 생각이 안 나 찾지 못하나, 가스레인지에 올려 놓은 냄비를 까맣게 태우거나, 누구와 한 약속을 까맣게 잊는 일 등, 이런 일 모두가 기억력의 감퇴에서 오는 것이다.

• 시력 저하

노화 과정에서 기억력 감퇴와 더불어 흔히 나타나는 것이 시력 저하이다. 시력 저하는 일반적으로 40대에 나타나며 눈 구조의 변화에 기인한다. 수정체가 경화되어 유연성이 떨어지면서 가까운 물체에 초점을 맞추는 능력에 이상이 생겨 노안으로 발전한다. 노안이란 눈의 자연스런 노화 과정으로 점점 눈의 근거리 초점을 맞추는 일이 어려워져 흐릿하게 보이는 현상이다. 노안이 오면 작은 글씨를 읽기 어렵고 읽을 자료를 팔거리로 멀찍이 들고 있어야 보인다.

시력 저하는 백내장, 녹내장, 황반변성 같은 질환으로도 온다. 백내장은 눈의 수정체가 혼탁해져서 사물이 흐릿하게 보이는 것이고 녹내장은 시신경이 손상되어 시력을 잃을 수도 있는 안구 질환이다. 황반변성은 망막의 일부인 황반에 문제가 생겨 시야가 흐리거나 사물이 왜곡되게 보여 읽기나 운전 다른 사람의 얼굴 인식 등에 심각한 영향을 미친다.

• 청력 저하

청력 저하 역시 주원인은 노화에서 오는 것으로 난청이 가장 많은 비중을 차지한다. 건강보험공단에 의하면 65세 이상 사람 중에 난청이 37.8%, 70세 이상이면 50% 이상이 난청을 겪는다고 한다.

청력 저하를 예방하려면 청력 검사를 주기적으로 받는 게 중요하고, 검사 시 단어인지도 검사를 같이 받아야 한다.

단어 인지도 검사는 소리는 들리는데 무슨 말을 하는지 그 뜻을 못 듣는 것에 대한 검사이다. 청신경이 노화되어 손상되면 흔히 소리는 들리는데 무슨 말인지 모르는 현상이 발생한다. 단어 하나하나를 분별해서 듣지 못하기 때문에 그렇다. 단어 인지도 검사 결과가 안 좋으면 보청기를 사용해도 큰 효과를 보지 못할 수도 있다고 한다.

청력 저하의 원인으로 장시간 시끄러운 소리에 노출되어 그리되는 경우가 있다. 공사장이나 군부대 등 시끄러운 환경에 오랫동안 노출되면 청력이 서서히 저하된다. 소음성 난청에 대비하기 위해서는 이어플러그를 필수로 착용해야 한다.

난청이 무서운 이유는 난청에 따른 2차 피해가 생기기 때문이다. 잘 듣지 못하고 단어 분별이 어려워 의사소통에 불편함을 겪으면 자연스레 대화 환경을 피하게 되고, 그러다 보면 고립감과 우울감에 빠질 수 있다. 또 난청을 방치하게 되면 치매에 걸릴 확률이 5배나 높아진다고 한다.

그 외 노화에 따른 몸의 변화로는 성욕 감퇴, 식사할 때 혀를 자주 깨문다든가, 자주 미끄러져 넘어진다거나, 전립선이 비대해져

소변 보는 데 문제가 생긴다든가, 입의 침이 자꾸 마른다거나, 목소리가 잠겨 안 나온다든가, 어느 날 갑자기 허리를 못 쓰게 된다거나, 걷기가 불편하다거나 하는 모습으로 나타난다. 이러한 현상은 사람마다 그리고 상황에 따라 모두 다르다. 문제는 이러한 일이 언제 어느 때든 일어나 노년의 삶의 질을 악화시킨다는 것이다.

상실의 기술

    노년은 상실의 삶을 사는 시기이다. 세월이 갈수록 곁에 있던 것들이 하나하나 떠나간다. 몸의 기능이 축소되고 감각과 근육이 감퇴하는 것도 결국 상실이다. 상실은 잃는 것, 청춘과 장년의 시기에 무언가를 얻어 내 것으로 만들었다면 노년은 그렇게 모은 것들을 하나하나 떠나보내는 시기이다.

    따라서 노년을 잘 살기 위해서는 상실하는 기술을 배워야 한다. 인간이 사는 데는 여러 가지 삶의 기술이 필요하다고 한다. 부자가 되기 위한 기술, 경쟁에서 이겨 출세하기 위한 기술, 연애를 잘하는 기술, 설득의 기술, 사교의 기술 등이 있지만, 그보다 더 중요한 것은 가진 것을 잘 잃는 상실의 기술이다. 상실의 기술을 터득하지 못하면 인생이 불행해진다. 무엇이든 잘 떠나보내야지 계속 갖으려고 집착하다 보면 인간은 물건에 치여 죽게 된다. 감각의 쇠퇴도 근육의 소실도 재산도 권력도 언젠가는 모두 나를 떠나갈 것들이다.

〈그렇게 못할 수도〉

제인 케니언(류시화 역)

건강한 다리로 잠자리에서 일어났다.

그렇게 못할 수도 있었다.

시리얼과 달콤한 우유와

흠 없이 잘 익은 복숭아를 먹었다.

그렇게 못할 수도 있었다.

개를 데리고 언덕 위 자작나무 숲으로 산책을 갔다.

오전 내내 내가 좋아하는 일을 하고

오후에는 사랑하는 이와 함께 누웠다.

그렇게 못할 수도 있었다.

우리는 은촛대가 놓인 식탁에서

함께 저녁을 먹었다.

그렇게 못할 수도 있었다.

벽에 그림이 걸린 방에서 잠을 자고

오늘과 같은 내일을 기약했다.

그러나 나는 안다, 어느 날인가는

상실의 기술

그렇게 못하게 되리라는 걸.

그렇게 못하게 되었을 때 중요한 것은 그 삶을 대하는 태도이다. 노년의 삶은 그렇게 못할 수도 있는 일들이 하루하루 다가오는 날들이다. 어제만 해도 산책을 하던 몸이 오늘은 병원에 입원해 있다. 그 사람과 며칠 전 점심식사를 했는데 오늘 부고가 왔다. 내일을 기약하며 잠들었는데 아침에 깨어나지 못했다. 질병과 사고와 재해가 뜻하지 않게 닥치는 게 노년이다.

그럴 때 필요한 것이 상실의 기술이고, 그런 상황을 어떤 태도로 맞느냐가 중요하다. 평소에 마음을 닦아 두려움 없이 상실의 기술을 익힐 때, 존재를 무너뜨리는 충격을 조금이나마 덜 받을 수 있다.

• 감사하고 감사하라

그렇게 본다면 우리의 소소한 일상은 그 자체가 얼마나 기적인가? 기적은 물 위를 걷는 것이 아니라 하루하루의 삶이 이어지는 것이다. 따라서 우리는 작은 일 하나하나에 감사하고 또 감사해야 한다. 식탁에 앉아 밥을 먹을 수 있다는 것, 두 발로 걸어 가게에 갔다 온다는 것, 얼굴에 앉은 파리를 내 손으로 쫓을 수 있다는 것. 이 모든 일이 감사해야 할 일이다. 이 책의 맨 앞에서 인용했던 감사의 시를 다시 인용한다.

〈감사〉

돌아보면 모든 일이 감사한 일

생각하면 모든 것이 감사한 것

지난밤 무사히

오늘도 아침에 눈을 떴음에

일어나 마실 수 있는 물이 있음에

하루에도 열 번 스무 번 감사

마음으로만 하지 말고

기도하듯 입 밖으로 말하며 감사

100을 잃고 10이 남았어도

그 10에 감사

세상을 잘 사는 길은

감사하고 감사하는 일

자꾸 감사하면 또 감사할 일이 생긴다

상실의 기술은 삶 속에 남아 있는 것이 기적이라는 사실을 알게 한다. 어떤 불행이나 역경이 닥쳐도 자기에게 남은 것에 의지해 자기 삶을 이어 가고 있음을 보게 된다. 아무리 모든 것을 다 잃어도 사람은 그래도 아직 남아 있는 것 그것으로 생명을 지탱한다. 체리 하나를 깨물고, 토마토를 썰어 빵에 싸 먹고, 일하고, 휴식하고, 마

상실의 기술

음에 맞는 친구를 만나 이야기하고. 이런 평범한 일상을 살면서 우리는 동시에 상실로 인해 떠나가는 것들을 애도하며 사는 것이다.

노년에 빠지기 쉬운 여섯 가지 함정

노년에 빠지기 쉬운 함정이 있다. 가난, 사업 실패, 이혼, 자식 문제, 질병, 사기가 그것이다.

• 가난

현실적으로 퇴직하게 되면 수입이 줄고 그에 따라 지출도 감소하여 생활의 불안으로 이어진다. 노후의 재무 준비가 탄탄하면 가난의 굴레에 빠질 염려가 적겠지만, 우리나라의 많은 사람들이 그렇지 못하다. 질병이 없는 상태에서 노후 생활비로 부부는 267만 원, 개인은 164만 원이 필요하다고 하지만, 이는 단지 희망 사항일 뿐이다. 2020년 기준 고령자의 45%가 연금을 아예 받지 못하고 있고, 국민연금 평균 급여액이 54만 원이며, 100만 원 이상 수령하는 사람은 전체의 8% 정도이다. 2023년 퇴직 후 근로자의 수입은 42% 감소한 것으로 나타나고 있고, 이는 OECD 국가 중 노인 빈곤율 최고에 해당한다. 우리나라 노인 빈곤율은 2020년 40.4%로 OECD 국가 중 가장 높았고, OECD 국가 평균인 14.3%의 2.8배에 달했다.

'2022년 전경련 55-79세 고령 인구 취업 현황 분석'에 따르면 국민연금과 개인연금을 받으면서도 일을 놓지 못하는 고령 인구가 370만 명이 넘는 것으로 나타났다. 이는 5년 전인 2017년에 비해 46.7%가 증가한 수치로 고령 인구의 절반 가량 되는 비율인데, 가장 큰 원인은 연금만으로는 생활비를 충당하기 어렵기 때문이다.
재취업이 아닌 창업의 경우 60세 이상 고용원 없는 나 홀로 창업은 전체 창업자의 87.2%에 달했다. 이는 2017년에 비해 22.9%가 늘어난 수치로, 생계 전선에서 재취업이 마땅치 않아 나 홀로 창업한 것으로 보인다. 이렇게 창업한 나 홀로 자영업자들은 창업 자금의 부족과 철저한 시장 조사 없이 급하게 사업을 벌인 결과, 무한 경쟁의 자영업 시장에서 최저임금 수준도 벌지 못한 채 1-2년 내에 폐업을 해야 했다.

이같이 한국 노인의 빈곤율이 높은 것은 노후의 소득을 공적 연금과 금융투자상품에 의존하는 선진국과는 달리 현금과 예금에 의존하는 비중이 높아서인 것으로 나타났다. 이는 선진국의 경우 국가가 공적 연금을 통해 노후를 책임지는 반면, 우리나라는 노후 준비가 개인에게 떠넘겨져 그리된 것으로 보인다.

2021년 통계청의 조사를 보면 한국인들의 노후 준비 방법은 단순했는데, 국민연금에 개인 예금이나 현금에 의지하는 비중이 무려 60.9%로 나타났고, 아예 노후 준비를 하지 않는 사람도 26.4%나 되었다. 국민연금에 의지하는 65세 이상 한국인의 소득은 대부분 근로 소득으로, 이는 재취업이나 창업을 통해 벌어들인 것으로 보인다.

• 사업 실패

퇴직 후 창업을 해보았다는 사람의 64%가 폐업했다고 한다. 그렇게 해서 날린 평균 투자금이 7,400만 원이라고 한다.

• 황혼 이혼

결혼 생활을 20년 이상 하다가 이혼하는 것을 황혼 이혼이라고 한다. 전체 이혼에서 황혼 이혼이 차지하는 비율이 37%에 이른다. 2020년 기준 우리나라 혼자 사는 1인 가구는 32%에 이르며, 65세 이상 노인 가운데 25%가 혼자 산다.

이혼은 이혼하기까지의 스트레스와 이혼 후의 상실감, 외로움 등으로 가장 큰 심리적 타격을 준다. 이혼을 하게 되면 재산 분할과 위자료, 재판 비용 등 경제적인 면에서 큰 타격을 입는다. 그러니까 심리적 경제적 손실이 가장 크게 나는 것이 황혼 이혼이다. 60대에 이혼할 경우 평균 재산 손실이 1억 2천만 원 정도 난다고 한다. 그냥 살기도 그렇고, 그렇다고 이혼하자니 여러 문제가 있고, 어차피 인생은 이래저래 난망이다.

• 자식 문제

퇴직자에게 풀기 어려운 문제가 자식 문제와 이혼일 것이다. 자식 문제에 대해서는 앞에서도 여러 번 언급하고 강조하였다. 2020년 통계청에 의하면 부모의 도움으로 사는 성인 캥거루족이 313만 명. 30대 미혼 비중은 42.5%였다. 연애, 결혼, 출산을 포기한 3포, 거기에 인간관계 내 집 마련까지 포기한 5포, 그리고 꿈과 희망마저 포기한 7포 세대 뒤에는 처음부터 자식과의 관계를 잘 정리하지 못한 부모들의 한숨이 있다.

다시 한 번 말하지만 자식이 성인(만 20세)이 되면 부모는 지금까지의 책임자에서 사안에 따라 지원하는 지원자(서포터)로 역할이 바뀌어야 한다. 그리고 이 같은 사실을 자식에게 공표하고, 철저하게 그 역할을 지켜야 한다. 자식이 요구했을 때 지원은 할 수도 있고 안 할 수도 있다. 그건 부모가 여러 형편을 고려하여 판단할 일이다. 그러나 이보다 더 중요한 것은 어려서부터 자식을 독립적이고 책임감 있는 사람으로 키우는 일이다.

• **질병**

60대 퇴직자의 1/3이 자신이나 가족 중 암, 심혈관 질환, 뇌혈관 질환 등 3대 질병에 걸린 적이 있었다. 이렇게 쓰인 의료비가 1천-2천만 원으로 가장 많았다. 질병의 문제는 앞으로 나이를 더 먹어 가면서 발생할 문제로 심각하다. 그에 대한 대처 방법이 쉽지 않다. 앞에서 건강 관리 꼭지에서 몇 가지 건강 관리에 중요한 점을 이야기하였다. 먹는 것, 좋은 공기, 그리고 스트레스 관리가 평소 건강을 위해 챙겨야 할 것들이다. 질병이 발생하면 노년의 생활 대부분을 치료와 후유증으로 고생하게 된다. 게다가 집에서의 생활이 어려울 경우 병원이나 요양원, 요양병원에 있어야 한다.

질병을 예방하기 위해서는 육체적, 정신적, 경제적으로 건강해야 한다. 육체적 건강은 자기 몸의 근력을 키워야 한다. 근육의 양은 나이가 들면서 소실되는데, 우리 몸을 유지하고 지탱해 주는 것은 다름 아닌 근육이다. 특히 하체 근육이 중요하다. 하체 근육을 키우기 위해 평소 걷기를 생활화해야 한다. '누죽걸산'이라는 말이 있다. 누우면 죽고 걸으면 산다는 말이다. 낙상이나 쓰러짐을 방지하기 위해 몸의 균형 운동도 중요하다.

정신적 건강에서 중요한 것은 우울증과 치매를 예방하는 일이다. 외로움이 장기적으로 지속되면 우울증에 빠질 수 있다. 치매를 예방하기 위한 활동도 해야 한다. 일기 쓰기, 기억력을 회복하는 훈련 등이 도움이 된다고 한다.

경제적으로 건강하다는 것은 빚이 없고 자식의 등쌀에서 벗어나 있으며 노년의 생활비 걱정을 하지 않는 것이다. 노년의 경제에서 중요한 것은 로또 당첨 같은 일확천금을 거머쥐는 것이 아니라, 마르지 않는 샘물처럼 끊기지 않고 지속적으로 들어오는 돈이다. 돈 문제로 스트레스를 받지 않아야 하는데, 이는 돈이 많다고 해서 그리되는 게 아니다. 돈은 많고 적음을 떠나 거기에 매여 있는 한 스트레스를 받게 마련이다. 어느 정도 선에서 욕심을 비워야 한다. 세상에서 제일가는 부자는 더이상 돈이 필요 없는 사람이다. 돈이 많아서 필요 없는 것이 아니라 마음을 비웠기에 필요 없게 된다.

• **사기**

퇴직자들은 사기당하는 것을 조심해야 한다. 갑자기 돈이 생겼다고 그 돈 냄새를 맡고 접근하는 사람들이 많다. 고수익 투자에 대한 유혹, 동업, 보이스 피싱 등은 일상적으로 일어나는 사기이다.

노년에 사기를 한 번 당하면 경제적 타격뿐만 아니라 정신적인 충격으로 인생관마저 변질될 수 있다. 사기는 인간의 욕망을 자극하는 데서 온다. 사람은 안전한 곳보다 불안전한 곳에 더 끌리며, 뻔한 결론보다는 모험과 위험을 즐기고 헛된 상상에 이끌리는 경향이 있는데, 사기꾼들은 이 점을 파고들어 낚아채는 것이다.

사기를 당했다면 사기꾼을 원망할 것이 아니라 그 꼬임에 속아넘어간 자신을 질책해야 한다. 사기의 처음 시작은 헛된 욕망에서 비롯된다. 한번 해 볼까 하는 마음에서 시작하여 이후 온갖 욕망의 환상이 펼쳐진 끝에 낚시에 걸리는 것이다.

노후 생활의 7가지 영역

국민 삶의 질을 좌우하는 10대 영역이 있다. 안전, 환경, 교육, 재산, 건강, 가족, 직업(하는 일), 사회적 관계(참여), 여가, 봉사 활동이 그것이다. 이 가운데 안전, 환경, 교육은 국가가 책임져야 할 영역이고, 나머지 7개 영역은 개인이 준비할 몫이다.

50대 이상 퇴직자들은 이 7가지 영역에서 재산과 건강을 가장 중요하게 생각한다. 그러나 생을 설계하는 일에 7가지 중 어느 하나도 소홀히 할 수 없다. 왜냐면 그렇게 어느 한 부분을 소홀히 하는 순간 그 부분이 그 사람의 가장 약한 고리가 되어, 삶의 전체 영역이 무너질 수 있기 때문이다.

『퇴직하기 전에 미리 알았더라면』이라는 책에서는 이런 현상을 '최소량의 법칙'으로 설명한다. 이 법칙은 식물이 살아가는 데 다른 원소가 아무리 많이 주어져도 생육할 수 없고, 원소 가운데 가장 소량으로 존재하는 것이 그 식물의 생육을 지배한다는 것이다.

　　노년의 생활은 7가지 영역을 중심으로 돌아간다. 여기서 우리가 생각해 볼 것은 나는 과연 7가지 영역 가운데 무엇을 우선순위로 두고 있는가를 살펴보는 일이다. 나의 경우 우선순위를 매긴다면 건강 – 하는 일(글쓰기) – 가족 – 여가 – 재무 – 사회적 관계 – 사회공헌이다. 이렇게 가려진 우선순위를 바탕으로 다음과 같은 자신의 생애 설명서를 만들어 보는 것도 좋을 것이다.

홍길동의 생애 설명서

우선순위에 따른 7대 영역	현재 상태 (구체적인 문제점까지)	이유
건강		
하는 일		
가족		
여가		
재무		
사회적 관계		
사회공헌		

퇴직 이후 자기 삶의 방향과 관련하여 어떤 결정을 내려야 할 때가 있다. 이사를 한다거나 귀촌을 한다거나 새로운 사업을 벌이거나 재취업을 하게 될 때 등 크고 작은 판단을 해야 할 때가 있다. 그럴 때 어떻게 해야 좋은 결정을 내릴지 난감할 때가 있다. 나는 앞에서 어떤 일을 결정할 때 다음 세 가지 즉, 전망이 있는가, 일을 추진해갈 자금이 있는가 그리고 그 일을 스스로 집행할 실무력이 있는가를 들었다.

　이에 더하여 다음 세 가지를 제시한다. 첫째 의미, 둘째 그 일을 해낼 재능, 셋째 흥미(즐거움)이다. 이 가운데 가장 중요한 것은 즐거움이다. 그 일이 나에게 즐거움을 주는지, 그 일을 해서 내가 과연 즐거운지가 판단의 기준이 되어야 한다. 아무리 귀촌을 해 농사를 짓고 싶어도 또 여건이 마련되어 있어도, 작은 벌레 하나에 겁에 질려 떤다면 어려운 일이다.

　그다음 중요한 것이 재능이다. 재능은 그 일을 내가 할 수 있는지, 그 일에 경험이 있는지, 경제적으로 수익이 나는 구조인지를 살펴야 한다. 정말 하고 싶은 일이고, 또 그 일을 했을 때 즐겁다면, 그다음으로 검토해야 할 것이 그 일을 다른 사람의 손을 빌리지 않고 내가 직접 할 수 있는가를 생각해야 한다. 내 손으로 직접 하지 못하면 그 일의 지속성을 갖기 어려워진다.

　마지막으로 중요한 것은 그 일이 갖는 의미이다. 내가 하려는 일이 어떤 의미가 있는지를 생각해야 한다. 의미는 개인의 가치관을 실현시켜 주기도 하고, 사회적 의미를 가져다주기도 한다. 개인적으로 좋아서 하는 일이 사회적 의미를 갖는다면 더없이 좋은 일이다.

세 가지 요소 가운데 즐거움과 재능은 개인의 영역이다. 어떤 일을 하려는 사람의 개인적 차원에서 판단해야 할 일이다. 그에 따라 의미라는 유용성이 더해지면 하는 일이 개인의 차원에만 머무르지 않고 사회로까지 확대된다. 이 둘의 조화가 이루어진다면 가장 행복한 일이 될 것이다. 그러나 만약 조화를 이루지 못하고 개인적 차원에만 머물면 갈수록 하는 일이 쪼그라들고, 사회적 의미만을 추구한다면 갈수록 명분은 살겠지만 배고픈 일이 될 것이다.

핵심어 따라가기
- 제시된 핵심어를 읽고 묵상하기

- [ ] 늙는다는 것
- [ ] 감각의 쇠퇴
- [ ] 기억력, 시력, 청력
- [ ] 상실
- [ ] 상실의 기술
- [ ] 감사
- [ ] 노년의 6가지 함정
- [ ] 노후 생활의 7가지 영역
- [ ] 생애 설명서

6장 마지막 퍼즐 한 조각

퍼즐 한 조각

누구나 살면서 자기 인생의 그림을 그린다. 하루를 더 산다는 것은 그만큼 인생의 그림을 더 그린다는 말이다. 그렇게 본다면 생의 마침표를 찍는 그 날, 마침내 그의 인생 그림은 완성될 것이다. 그러니 누구나 자기 그림을 완성할 퍼즐 한 조각은 가지고 있는 셈이다. 그 마지막 조각을 자신의 전체 인생 그림에 언제 어느 날 맞추느냐는 오직 신만이 알고 있는 문제다.

"젊음은 인생의 한 단면이 아니라 정신 상태다."
이 말은 알베르트 슈바이처의 말이다. 이 말은 생물적인 나이는 젊지만 이미 인생을 다 산 것처럼 정신이 늙은 사람도 있고, 나이는 노숙하지만 정신이 젊은이처럼 젊은 사람도 있다는 것이다. 사람은 얼마나 늙었느냐가 중요한 게 아니라 어떻게 늙었느냐가 중요하다. 나이 드는 일은 누구나 피할 수 없다. 그러나 품위 있게 늙어 가는 것, 하고 싶은 일을 하면서 시간을 보내는 것, 자기가 하는 일이 자신의 가치를 실현하는 동시에 가족과 친구 사회에 기여할 의미를 갖는 것, 그러는 가운데 안목이 깊게 열려 인생의 지혜를 터득하게 된다.

나이 들어 능력, 체력, 생산력은 그다지 중요하지 않다. 사회는 미친 듯이 그러한 가치를 추구하지만 노년기의 삶은 그런 것과는 다른 관점에서 추구되어야 한다. 더 많이, 더 멀리, 더 높이, 더 빨리와 같은 더(플러스)의 논리는 노년기에 추구해야 할 가치가 아니다. 오히려 노년기에는 더가 아닌 덜(마이너스)의 가치가 추구되어야 한다.

『노년에 대하여』라는 책에서 키케로는 이런 말을 했다. "위대한 행위를 하는 것은 육체의 힘이나 사지의 유연성, 민첩성이 아니라 통찰력과 경험과 판단이다. 이런 이유로 세월은 우리를 더 가난하게 만드는 것이 아니라 언제나 더 부유하게 만든다." 그렇다. 나이 들수록 삶이 더 중요해지고 삶의 정수가 더 분명하게 보인다. 매일 반복되는 일상에서 무슨 일이 중요하고 무엇이 중요하지 않은지 분별할 수 있는 지혜가 생기고, 무엇을 걸러 내고 무엇을 남겨 놓아야 하는지에 대한 안목이 생긴다. 다시 말해 삶의 초점이 모아지는

퍼즐 한 조각

시기가 노년이다.

그러나 현실적으로 노인은 갈수록 더해 가는 고령화 사회에서 자칫 연금이나 축내는 인간으로 내몰릴 수도 있다. 그러다 보면 세대 간의 갈등이 더 깊어져 사회는 또 다른 분열의 질곡을 겪을 수도 있다. 따라서 국가는 이러한 문제 해결에 적극 나서야 한다.

남은 인생 그림을 아름답게 그리기 위한 몇 가지 이야기

첫째, 나이듦을 두려워 마라. 그만큼 살았으니까 나이 드는 것이고 그것이 자연의 이치이다. 그것에 역행해 억지로 자기 나이보다 젊게 보이려 애쓰지 마라. 성형으로 시계를 거꾸로 돌린다거나 온갖 몸에 좋다는 보약으로 활기를 되찾으려 하지 마라. 제 나이에 맞게 사는 것이 제일 좋은 것이다. 젊게 보이려고 애쓰지도 말고 죽지 않고 오래 살려고도 하지 마라.

둘째, 지나간 일은 잊어라. 잊을 수 없다면 좋게 생각하라. 분노와 후회와 원망은 인간의 에너지를 소진시키는 대표적인 부정적 감정이다. 지난 일을 생각한다는 것은 결국 이 세 가지 감정에 사로잡힌다는 것이다. 나이 들수록 옛사람이, 그 사람과 얽힌 일들이 자기도 모르게 툭툭 튀어나온다. 떠오르는 것은 어쩔 수 없다. 그렇다면 그 생각에 휘둘리거나 매이지 말고, 그냥 가만히, 그래 그런 일도 있었지, 하며 흘려보내라.

셋째, 타인과 비교하지 말고 자기 삶을 살아라. 비교는 질투를 낳고 질투는 상대방이 잘 될 때마다 자기 자신을 죽인다. 비교하는 습관은 어느 지점에서 결단을 내려 끊어야 한다. 비교는 자신이 열등하든 우월하든 하면 할수록 갈증이 난다. 나이 들수록 비교하지 마라.

넷째, 자기 자신을 칭찬하라. 거울을 볼 때마다 머리칼이 쇠다 못해 눈썹이 하얗게 쇠고, 도대체 봐 줄 구석이 하나도 없는 늙은 얼굴일지라도, 이 정도면 괜찮지, 하며 웃어라. 시간이 갈수록 볼품없어지는 늙은 자신을 누가 칭찬해 주겠나? 남이 안 해 주니 내가라도 해 줘야 한다. 외모뿐만 아니라 사소한 일 하나에도 그렇게 자기 자신을 인정하고 칭찬해 주어라. 이건 자아도취나 자뻑이 아니다. 칭찬은 삶의 구들장을 데우는 장작불이다.

다섯째, 곤란한 지경에 처하면 도움을 요청하라. 야스토미 아유무는 "자립한 사람은 혼자서 무엇이든 할 수 있는 사람이 아니라, 자기가 곤란하면 언제든지 누구에겐가 도움을 받을 수 있는 사람이고, 그러한 인간관계를 잘 관리하는 사람."이라는 말을 했다.
사람은 누구나 살아가며 여러 곤란에 맞닥뜨릴 수밖에 없다. 침대를 옮기고 싶은데 무거워 혼자 하기 어렵고, 창문에 커튼을 바꿔 달고 싶은데 창틀이 높아 혼자 하지 못한다. 등이 아파 파스를 붙이고 싶은데 팔이 닿지 않아 붙이기 어렵고, 거실등을 교체하고 싶은데 커버가 무거워 혼자 하기 어렵다. 이렇게 사람은 살다 보면 크고 작은 '곤란함'에 마주하게 되는데, 이때 진정한 자립은 누군가에게 도움을 잘 받는 것이고, 그러기 위해서는 평소에 인간관계를 잘 관리해야 한다. 늘어만 가는 1인 가구 사회에서 곤란할 때 도움을 잘 청하지 못하면 낭패볼 수 있다.

여섯째, 하고 싶은 일이 있으면 미루지 말고 당장 하라. 나이 들수록 망설이고 그러다 보면 어떤 일도 하려다가 그만둔다. 그걸 해서 뭐하나 하는 생각이 자꾸 들기 때문이다. 무엇인가 하고 싶은 일도, 사고 싶은 것도, 만나고 싶은 사람도, 주저주저하여 결국 못하게 된다. 무슨 일이든 행하는 데 가장 적절한 시간은 '지금'임을 명심하라.

일곱째, 의심나면 물어라. 노년의 감각 기관은 쇠퇴하기 마련이다. 시각도 청각도 젊었을 때와 같지 않다. 그러다 보니 자연 일상생활에 불편을 겪게 된다. 병원에서 의사의 설명을 들을 때도, 은행에서 직원의 말을 들을 때에도, 잘 들리지 않아 혹은 잘 보이지 않아 이해하기 힘들 때가 있다. 그런 때는 물어보아라. 자신의 귀가 안 좋아서 무슨 말인지 못 들었으니 다시 한 번 말해 달라고 요청하라. 난청임을, 난시임을 부끄러워하지 말고 밝히고 의심나면 물어라.

여덟째, 늘 만족하고 감사하라. 앞에서도 여러 번 말했는데, 이 말은 아무리 더해도 지나치지 않는다. 매사에 만족하고 감사하라. 그러면 마음속에 기쁨이 차오르고 행복해진다. 지금 가진 것에 지금 있는 것에 만족하라. 100에서 90을 잃고 10이 남았다면 그 10에 만족하고 감사하라.

아홉째, 지금 이 순간, 내 곁에 있는 사람, 그 사람에게 잘 해 주어라. 이 말은 레프 톨스토이의 말이다. 톨스토이는 『세 가지 질문』이라는 책에서 인생을 살아가는 데 가장 중요한 세 가지가 무엇인가 하는 질문을 던진다. 그대에게 가장 소중한 사람은 누구인가?, 그대에게 가장 중요한 일은 무엇인가?, 그대에게 가장 값진 시간은 언제인가? 그리고 이에 대한 답을 스스로 들려주는데, 가장 소중한 사람은 지금 바로 내 곁에 있는 사람, 가장 중요한 일은 그 사람에게 잘 해 주는 것, 가장 값진 시간은 지금 이 순간이라는 것이다.

톨스토이의 이 말은 노년을 살아갈 우리들에게 적용해도 훌륭한 말이다. 지금 여기 곁에 있는 사람에게 잘해 주는 것. 살아온 날보다 앞으로 살아가야 할 날이 많지 않은 우리들이기에 더욱 그렇다.

노년의 끝은 죽음

노년의 끝은 죽음이다. 사람에 따라 죽음에 대한 생각은 저마다 다르다. 하지만 죽음에 가까이 다가갈수록 자기 삶의 전체적인 모습을 보는 안목은 깊어진다. 그동안 살아온 일과 의미를 죽음을 통해 전체적으로 통찰한다. 그리하여 죽음은 사람에게 여유와 평안으로 주기도 하고, 남은 삶에 집중할 수 있는 힘을 주기도 한다.

〈끝〉

끝이라고 슬퍼하지 말아요
그 끝에 닿기 위해
지금까지 열심히 달려왔잖아요

그렇다. 이제 당신 인생의 전체 그림을 완성할 퍼즐 한 조각을 맞출 일이 남았다. 딸깍 소리를 내며 맞춰질 퍼즐 한 조각. 이 순간을 위해 우리는 지금까지 열심히 달려오지 않았나.

핵심어 따라가기

- 제시된 핵심어를 읽고 묵상하기

- ☐ 나이듦을 두려워 마라

- ☐ 지난 일을 잊어라

- ☐ 자기 삶을 살아라

- ☐ 자신을 칭찬하라

- ☐ 곤란하면 도움을 청하라

- ☐ 하고 싶은 일을 미루지 마라

- ☐ 의심나면 물어라

- ☐ 만족하고 감사하라

- ☐ 지금 내 곁에 있는 사람에게 잘해 줘라

- ☐ 노년의 끝은 죽음

노년의 끝은 죽음

| 참고한 책 |

- 안젤름 그륀, 『노년의 기술』, 오래된 미래
- B. F 스키너, 마거릿 E 본, 『50 이후 인생을 결정하는 열 가지 힘』, 더 퀘스트
- 이동신, 『퇴직하기 전에 미리 알았더라면』, 이코노믹북스
- 디트리히 그뢰네마이어, 『지금 이 순간』, 청년정신
- 헨리 니어링, 스콧 니어링, 『조화로운 삶』, 보리
- 스테판 M 폴란, 마크 레빈, 『8가지만 버리면 인생은 축복』, 명진출판
- 박정규, 이태재, 임영미, 『퇴직의 기술』, BOOK
- 게일 로즐리니, 마크 워든, 『차라리 회를 내십시오』, 바오로딸
- 키케로, 『노년에 대하여』, 궁리
- 핸리 데이빗 소로, 『월든』, 더클래식

  그 외 다수